FINANZIELLE UNABHÄNGIGKEIT

DER UMFASSENDE LEITFADEN FUR EFFEKTIVES GELDMANAGEMENT

Von der Budgetierung bis zur Altersvorsorge

HEIKO BERTH

Inhalt

Einleitung

Warum Geldmanagement wichtig ist 1

Bedeutung von finanzieller Bildung 1

Ziele setzen für die finanzielle Zukunft 3

Kapitel 1

Die Grundlagen der Geldverwaltung 5

Einnahmen und Ausgaben: Was gehört dazu? 5

Der Unterschied zwischen Brutto- und Nettoeinkommen 7

Kapitel 2

Budgetierung – Der Schlüssel zur Kontrolle über dein Geld 9

Erstellen eines persönlichen Budgets 9

Tipps für die Budgetanpassung 11

Kapitel 3

Die Bedeutung eines Notfallfonds 14

Wie viel solltest du sparen? 14

Schritte zur Einrichtung eines Notfallfonds 16

Kapitel 4

Schulden – Verstehen und Vermeiden 20

Arten von Schulden: Gut vs. Schlecht 20

Strategien zur Vermeidung von Schulden 22

Kapitel 5
Umgang mit Krediten und Kreditkarten 25
Sinnvoller Einsatz von Kreditkarten 25
Verstehen von Zinsen und Rückzahlungsoptionen 27

Kapitel 6
Ergebnisorientierte Sparstrategien 30
Kurzfristige vs. langfristige Ziele 30
Automatisches Sparen: Wie es funktioniert 32

Kapitel 7
Steuern – Ein Überblick für Einsteiger 35
Grundlegende Steuerarten 35
Tipps zur Steuererklärung und -planung 37

Kapitel 8
Versicherungen – Schutz vor finanziellen Risiken 40
Überblick über wichtige Versicherungsarten 40
Wie viel Versicherungsschutz brauchst du wirklich? 44

Kapitel 9
Die richtige Einstellung zu Geld 48
Mindset und Geld: Wie Gedanken deine Finanzen beeinflussen 48
Umgang mit Geldstress 52

Kapitel 10
Geld sparen im Alltag 56
Spartipps für den täglichen Einkauf 56
Wie du beim Essen und Wohnen Geld sparen kannst 60

Kapitel 11
Finanzielle Ziele setzen und erreichen 65
SMART-Ziele für deine Finanzen 65
Motivation und Durchhaltevermögen 69

Kapitel 12
Die Rolle von Bildung und Weiterbildung 73
Investiere in dich selbst 73
Kostenlose Ressourcen für Finanzbildung 77

Kapitel 13
Umgang mit finanziellen Rückschlägen 82
Strategien bei unerwarteten Ausgaben 82
Wie du dich erholst und weitermachst 86

Kapitel 14
Weihnachten, Geburtstage und andere Anlässe – Geld geschickt verwalten 90
Budgetierung für Geschenke und Feiern 90
Kreative und kostengünstige Geschenke 93

Kapitel 15

Die Lebensphase des Erwachsenseins – Veränderungen finanziell meistern 97

Umzug, Jobwechsel und andere Herausforderungen 97

Finanzplanung für Umbrüche im Leben 100

Kapitel 16

Finanzielle Ziele für alle Lebensphasen 104

Ansätze für Studierende, Berufseinsteiger und Familien 104

Altersvorsorge von Anfang an 107

Kapitel 17

Digitale Tools und Apps für das Finanzmanagement 112

Empfehlungen für hilfreiche Apps 112

Vor- und Nachteile der Digitalisierung im Geldmanagement . 116

Kapitel 18

Die Bedeutung von Community und Unterstützung 120

Wie Freunde und Familie helfen können 120

Gruppen und Netzwerke für finanzielle Bildung 123

Abschluss

Dein Weg zu finanzieller Selbstständigkeit 128

Einleitung
Warum Geldmanagement wichtig ist

Bedeutung von finanzieller Bildung

Finanzielle Bildung ist nicht nur ein akademisches Konzept, sondern ein grundlegender Bestandteil unseres täglichen Lebens. Sie beeinflusst, wie wir mit Geld umgehen, Entscheidungen treffen und letztlich unser Leben gestalten. In einer Welt, in der der Umgang mit Geld immer komplexer wird, ist es von entscheidender Bedeutung, die Grundlagen der finanziellen Bildung zu verstehen.

Zunächst einmal hilft finanzielle Bildung, das eigene Geld besser zu verwalten. Viele Menschen stehen vor Herausforderungen, wenn es darum geht, ihr Einkommen zu planen, Ausgaben zu kontrollieren und Rücklagen zu bilden. Wer finanziell gebildet ist, kann den Unterschied zwischen Notwendigkeiten und Luxus verstehen und lernt, Prioritäten zu setzen. Dies ermöglicht eine bewusste Lebensführung, die nicht nur vor Schulden schützt, sondern auch finanziellen Spielraum eröffnet.

Ein weiterer wichtiger Aspekt ist der Umgang mit unvorhergesehenen Ausgaben. Das Leben ist voller

Warum Geldmanagement wichtig ist

Überraschungen – sei es eine unerwartete Rechnung oder ein gesundheitliches Problem. Wer über finanzielle Kenntnisse verfügt, weiß, wie wichtig ein Notgroschen ist. Zudem kann ein gut geplanter Haushaltsplan helfen, finanziellen Stress zu vermeiden und Sicherheit zu schaffen.

Ein anderes zentrales Element finanzieller Bildung ist das Verständnis für Investitionen. Viele Menschen haben Berührungsängste mit dem Thema Geldanlage. Sie fürchten, ihr Geld zu verlieren oder die falschen Entscheidungen zu treffen. Hier setzt eine gute finanzielle Bildung an: Sie vermittelt das notwendige Wissen über verschiedene Anlagemöglichkeiten, Risiken und Chancen, sodass Menschen informierte Entscheidungen treffen können. Das Wissen, wie man für die Zukunft spart oder für das Alter vorsorgt, kann entscheidend sein, um die Lebensqualität bis ins hohe Alter zu sichern.

Darüber hinaus spielt die finanzielle Bildung eine wichtige Rolle in der Gesellschaft. In einer gut informierten Bevölkerung sind weniger Menschen von Armut betroffen, was letztlich zu einem stabileren wirtschaftlichen Umfeld führt. Bildung schafft Möglichkeiten und fördert den sozialen Aufstieg. Wenn jeder Einzelne lernt, seine Finanzen zu managen, profitieren nicht nur die Einzelnen, sondern die gesamte Gemeinschaft.

Ein weiterer Punkt ist die Ethik im Umgang mit Geld. Finanzielle Bildung ist auch eine Frage von Verantwortung. Sie lehrt, dass Geld nicht nur ein Mittel zum Zweck ist, sondern auch ethische Überlegungen mit sich bringt. Wo investiere ich mein Geld? Unterstütze ich nachhaltige Unternehmen? Solche Fragen werden in einer finanzielle Ausbildung behandelt und fördern ein bewussteres Handeln.

Abschließend lässt sich festhalten, dass finanzielle Bildung weitreichende Auswirkungen auf das individuelle Leben und die Gesellschaft hat. Sie ist der Schlüssel, um finanzielle Freiheit zu erlangen, Sicherheit zu schaffen und verantwortungsbewusst mit Geld umzugehen. In einer Welt, die sich ständig verändern kann, bietet sie das Rüstzeug, um stark und informiert zu bleiben. Die Auseinandersetzung mit diesem Thema ist eine Investition in die eigene Zukunft – und damit in die Zukunft der gesamten Gemeinschaft.

Ziele setzen für die finanzielle Zukunft

Die finanzielle Zukunft ist für viele Menschen ein zentraler Aspekt des Lebens. Sie beeinflusst nicht nur die persönliche Lebensqualität, sondern auch die Möglichkeiten, Träume und Wünsche zu verwirklichen. Um diese Zukunft aktiv zu gestalten, ist es entscheidend, klare Ziele zu setzen. Doch wie geht man am besten dabei vor?

Zunächst einmal ist es wichtig, sich bewusst zu machen, was man wirklich will. Möchte man ein eigenes Haus, für die Kinder sparen, im Ruhestand sorgenfrei leben oder vielleicht einfach nur Schulden abbauen? Indem man seine Wünsche und Bedürfnisse aufschreibt, bekommt man einen klaren Überblick über die eigenen Ziele.

Ein weiterer Schritt besteht darin, diese Ziele in größere und kleinere Ziele zu unterteilen. Größere Ziele können oft überwältigend wirken und zum Aufschieben verleiten. Indem man sie in kleinere, erreichbare Schritte zerlegt, wird der Weg überschaubarer. Man könnte zum Beispiel als großes Ziel „Eigenheim" im Raum stehen haben. Ein erster kleiner Schritt könnte sein, regelmäßig einen Betrag für die Anzahlung zu sparen. Es ist auch hilfreich, sich eine realistische Zeitspanne für jedes Ziel zu setzen. Ein zeitlicher Rahmen hilft dabei, fokussiert zu bleiben. Man sollte sich fragen: „Wann möchte ich dieses Ziel erreicht haben?" Dabei ist es wichtig, sowohl ambitionierte als auch realistische Fristen zu setzen. Sind die Ziele zu utopisch, kann das frustrieren und demotivieren. Sind sie zu leicht zu erreichen, fehlt die Herausforderung und damit auch die persönliche Motivation.

Ein weiterer Aspekt ist die regelmäßige Überprüfung der gesetzten Ziele. Das Leben ist dynamisch, und manchmal ändern sich die Umstände oder Prioritäten. Es ist vollkommen in Ordnung, Ziele anzupassen oder neu zu definieren. Ein regelmäßiger Blick auf die gesetzten Ziele ermöglicht es, die Fortschritte zu verfolgen und gegebenenfalls den Kurs zu ändern.

Zuletzt ist es wichtig, sich Unterstützung zu suchen. Ob Freunde, Familie oder professionelle Berater – der Austausch über finanzielle Ziele kann neue Perspektiven eröffnen und helfen, auf dem richtigen Weg zu bleiben.

Die finanziellen Ziele sind die Grundlage für eine selbstbestimmte Zukunft. Sie ermöglichen es, den eigenen Lebensstil zu gestalten und die eigenen Träume zu verwirklichen. Wer sich die Zeit nimmt, konkrete und durchdachte Ziele zu setzen, legt den Grundstein für eine stabile und erfüllte finanzielle Zukunft. Mit Entschlossenheit, Planung und dem nötigen Wissen kann jeder seine finanziellen Träume Wirklichkeit werden lassen.

Finanzielle Unabhängigkeit

Kapitel 1
Die Grundlagen der Geldverwaltung

Einnahmen und Ausgaben: Was gehört dazu?

Einnahmen und Ausgaben sind die zwei Seiten einer Medaille, wenn es um die Finanzplanung geht. Um einen klaren Überblick über die eigenen Finanzen zu behalten, ist es wichtig zu wissen, was genau unter diesen Begriffen fällt und wie sie unser tägliches Leben beeinflussen.

Einnahmen

Einnahmen sind all die Gelder, die in einen Haushalt fließen. Dazu gehören in erster Linie das Gehalt, das wir für unsere Arbeit erhalten. Doch die Einnahmen können vielfältig sein. Viele Menschen bekommen auch Geld von der Rente, wenn sie älter sind oder von Sozialleistungen, wenn sie in einer schwierigen Lebenslage sind. Auch Mieteinnahmen von vermieteten Wohnungen oder Pacht für Grundstücke können zu den Einnahmen zählen. Darüber hinaus gibt es häufig kleinere Einnahmen, wie Boni, Zinsen von Ersparnissen oder Geschenke von Verwandten.

Die Grundlagen der Geldverwaltung

Besonders wichtig ist, die Einnahmen regelmäßig zu prüfen. Oftmals verändern sich die Einkommensquellen – sei es durch einen Jobwechsel, einen neuen Nebenjob oder auch durch Veränderungen im Familienstand. Ein Verständnis für die eigenen Einnahmen ist die Grundlage für eine gesunde Finanzplanung.

Ausgaben

Ausgaben sind all das Geld, das wir ausgeben oder verlieren. Hier gibt es fixe und variable Ausgaben. Fixe Ausgaben bleiben in der Regel gleich, wie die Miete oder die Rate für einen Kredit. Sie sind oft unumgänglich und müssen jeden Monat gezahlt werden. Dazu gehören auch Versicherungen, wie die Krankenkasse oder die Haftpflichtversicherung.

Auf der anderen Seite stehen die variablen Ausgaben, die von Monat zu Monat unterschiedlich sein können. Dazu zählen Lebensmittel, Kleidung, Freizeitaktivitäten und viele andere Dinge des täglichen Lebens. Es lohnt sich, auch diese Ausgaben im Blick zu behalten, um eventuell Einsparungen zu entdecken. Ein Blick auf das eigene Konsumverhalten kann aufschlussreich sein – wo kann man sparen, ohne dass die Lebensqualität leidet?

Die Balance finden

Das Ziel einer guten Finanzplanung ist es, die Einnahmen und Ausgaben in Einklang zu bringen. Eine klare Übersicht kann dabei helfen, unnötige Zahlungen zu entdecken und gezielt zu sparen. Dabei sollte man bedenken, dass nicht immer alles planbar ist – unerwartete Ausgaben können jederzeit auftreten. Aus diesem Grund ist es sinnvoll, einen kleinen finanziellen Puffer für Notfälle einzuplanen.

Wie wichtig es ist, sich mit den eigenen Finanzen auseinanderzusetzen, zeigt sich oft in herausfordernden Zeiten. Wer die eigenen Einnahmen und Ausgaben im Griff hat, kann auch in schwierigen Situationen gelassen bleiben und die Kontrolle über die eigene finanzielle Lage behalten.

Der Unterschied zwischen Brutto- und Nettoeinkommen

In der Welt der Finanzen und des persönlichen Budgetplans begegnen wir oft den Begriffen Brutto- und Nettoeinkommen. Diese beiden Konzepte sind von großer Bedeutung für jeden, der sich ernsthaft mit seinen Finanzen auseinandersetzt. Doch was genau steckt hinter diesen Begriffen?

Beginnen wir mit dem Bruttoeinkommen. Es ist die Summe, die jemand insgesamt verdient, bevor irgendwelche Abzüge vorgenommen werden. Das Bruttoeinkommen setzt sich aus verschiedenen Einkommensquellen zusammen, wie etwa dem Gehalt eines Angestellten, zusätzlichen Boni oder Provisionen, die für erbrachte Leistungen gezahlt werden. Es ist der Betrag, auf den Arbeitgeber und Arbeitnehmer zunächst schauen, wenn es um die Entlohnung geht. Es vermittelt einen Eindruck darüber, was man theoretisch verdienen kann.

Doch der Schein trügt oft. Während das Bruttoeinkommen auf den ersten Blick groß erscheinen mag, sieht die Realität oft anders aus – und hier kommt das Nettoeinkommen ins Spiel. Das Nettoeinkommen ist der Betrag, der letztlich auf dem Konto landet. Es wird ermittelt, indem man vom Bruttoeinkommen die Steuern

Die Grundlagen der Geldverwaltung

und Sozialabgaben abzieht. Hierzu gehören unter anderem die Lohnsteuer, die Kirchensteuer, die Sozialversicherungsbeiträge für die Altersvorsorge, die Krankenversicherung, die Pflegeversicherung und die Arbeitslosenversicherung.

Die Abzüge können je nach persönlicher Situation stark variieren. Ein junger Berufseinsteiger in einer Steuerklasse mit hohen Abzügen wird ein deutlich vermindertes Nettoeinkommen haben als ein Familienvater, der von Steuervergünstigungen profitiert. Genau deshalb ist es wichtig, das Nettoeinkommen im Auge zu behalten – schließlich ist dies der Betrag, der tatsächlich zur Verfügung steht, um Miete, Lebensmittel und andere Lebenshaltungskosten zu decken.

Um das Ganze greifbarer zu machen, stellen wir uns ein Beispiel vor: Nehmen wir an, jemand verdient ein Bruttoeinkommen von 3.000 Euro im Monat. Nach Abzug von Steuern und Sozialabgaben verbleiben vielleicht nur 2.000 Euro. Das bedeutet, dass die Person nur mit diesem Nettoeinkommen Haushaltspläne aufstellen und ihre Ausgaben managen kann. Es ist also wichtig, sowohl das Brutto- als auch das Nettoeinkommen zu verstehen und im Kontext seiner eigenen Finanzen zu betrachten.

Zusammengefasst kann man sagen: Das Bruttoeinkommen ist der große Kuchen, während das Nettoeinkommen der Teil ist, den man letztlich essen kann. Bevor wir unsere Ausgaben planen oder uns finanzielle Ziele setzen, sollte uns der Unterschied zwischen Brutto- und Nettoeinkommen immer bewusst sein. Nur so können wir unsere finanzielle Zukunft erfolgreich gestalten.

Kapitel 2
Budgetierung – Der Schlüssel zur Kontrolle über dein Geld

Erstellen eines persönlichen Budgets

Das Erstellen eines persönlichen Budgets ist ein essentieller Schritt, um die eigenen Finanzen in den Griff zu bekommen und die finanzielle Zukunft nachhaltig zu gestalten. Zu Beginn ist es wichtig, ein klares Bild über die eigenen Einnahmen und Ausgaben zu bekommen. Man könnte sich einen ruhigen Moment suchen, vielleicht am Wochenende oder an einem Abend, um in Ruhe darüber nachzudenken. Es kann auch hilfreich sein, sich einen Tisch mit Stift und Papier bereitzulegen oder einen Rechner zur Hand zu nehmen. Es ist der erste Schritt, das wirtschaftliche Leben bewusst zu gestalten.

Zunächst sollte man alle monatlichen Einnahmen zusammenstellen. Dazu gehören das Gehalt, eventuelle Nebeneinkünfte oder auch Geldgeschenke. Es gilt, alles aufzulisten, denn nur so hat man eine klare Übersicht über die Gesamtsumme, die einem zur Verfügung steht. Diese Einnahmen bilden die Grundlage für das Budget. Im

Budgetierung – Der Schlüssel zur Kontrolle über dein Geld

Gegensatz dazu stehen die regelmäßigen Ausgaben, die ebenfalls sorgfältig erfasst werden müssen. Zu diesen Ausgaben zählen Miete oder Hypothek, Nebenkosten wie Strom und Wasser, Versicherungen, Lebensmittel und andere wiederkehrende Kosten. Es ist hilfreich, sich einen Zeitraum von einem Monat vorzustellen und alle Ausgaben, die in dieser Zeit anfallen, realistisch einzuschätzen. Dazu gehört auch, unregelmäßige Ausgaben in die Planung einzubeziehen, wie etwa Termine für Zahnarztbesuche, Autoreparaturen oder Geschenke zu besonderen Anlässen. Diese auf den ersten Blick weniger häufigen Ausgaben können oft unvorbereitet hohe Kosten verursachen, weshalb es ratsam ist, dafür einen gewissen Betrag beiseite zu legen.

Eine wichtige Komponente des Budgets ist die Reflexion über persönliche Wünsche und Bedürfnisse. Man sollte sich die Zeit nehmen, um zu überlegen, welche Dinge einem im Leben wirklich wichtig sind. Möchte man für einen Urlaub sparen, ein neues Hobby finanzieren oder einfach ein finanzielles Polster für Notfälle aufbauen? Diese Überlegungen helfen dabei, Prioritäten festzulegen und Entscheidungen in Bezug auf Ausgaben klüger zu treffen.

Sobald die Einnahmen und Ausgaben festgehalten sind, bietet es sich an, eine klare Trennung zwischen notwendigen und optionalen Ausgaben vorzunehmen. Notwendige Ausgaben sind die grundlegenden Lebenshaltungskosten, während optionale Ausgaben den Raum für persönliche Freiräume und Wünsche schaffen. Wenn man nun die Ausgaben von den Einnahmen abzieht, ergibt sich, ob man im Plus oder im Minus lebt. Manchmal kann es überraschend sein, wie viel Geld am Ende des Monats übrig bleibt, oder aber, wie viele Ausgaben man tätigt, die nicht unbedingt notwendig sind. Ein Budget zu erstellen, bedeutet zudem, sich Ziele zu setzen. Diese Ziele können finanzieller Natur sein, wie das Sparen auf eine größere Anschaffung oder das Abzahlen einer Schuld. Es ist meines Erachtens sinnvoll, diese Ziele konkret zu formulieren, um die Motivation aufrechtzuerhalten. Das ständige Überprüfen des Budgets kann helfen, in der Spur zu bleiben. Dadurch erkennt man schnell, wenn man sich von den festgelegten Ausgaben entfernt und kann rechtzeitig eingreifen.

Im Verlauf der Zeit wird die Erstellung eines Budgets zu einer Routine, die einem nicht nur ein Gefühl von Kontrolle über die eigenen Finanzen gibt, sondern auch das Bewusstsein für den Umgang mit Geld schärft. Mit jedem Monat, den man das Budget lebendig hält, lernt man mehr über sich selbst, über seine Ausgabenmuster und seine finanziellen Prioritäten. Man wird schließlich in der Lage sein, bewusster Entscheidungen zu treffen und sinnvolle Investitionen zu planen. Auf diese Weise wird das Budget nicht nur zu einem Werkzeug, um den Alltag zu meistern, sondern auch zu einem Kompass, der einem hilft, die eigenen finanziellen Träume zu verwirklichen.

Tipps für die Budgetanpassung

Das Leben ist voller unerwarteter Wendungen, und manchmal zwingt uns genau das, unser Budget anzupassen. Es kann sein, dass sich unsere Lebensumstände ändern, dass unerwartete Ausgaben anstehen oder dass wir einfach unsere finanziellen Ziele überdenken möchten. Egal aus welchem Grund, die Anpassung des

Budgetierung – Der Schlüssel zur Kontrolle über dein Geld

Budgets ist eine wichtige Fähigkeit, die uns hilft, die Kontrolle über unsere Finanzen zu behalten und uns auf die wirklich wichtigen Dinge im Leben zu konzentrieren.

Ein guter erster Schritt bei der Budgetanpassung ist es, sich einen ruhigen Moment zu nehmen und sich einen klaren Überblick über die eigene finanzielle Situation zu verschaffen. Das bedeutet, dass man sich nicht nur die monatlichen Einnahmen, sondern auch die Ausgaben genau ansehen sollte. Man kann zu Beginn eine Liste erstellen, die alle fixen Kosten wie Miete oder Hypothek, Versicherungen und andere regelmäßige Zahlungen umfasst. Daneben ist es wichtig, die variablen Ausgaben in Betracht zu ziehen. Hierzu zählen alltägliche Ausgaben wie Lebensmittel, Benzin oder Freizeitaktivitäten. Wenn man alles einmal aufgeschrieben hat, fühlt man sich oft bereits erleichtert, da man einen klaren Rahmen hat.

Wenn es um die tatsächliche Anpassung geht, ist es wichtig, die eigenen Prioritäten zu überdenken. Oft neigen wir dazu, Ausgaben zu tätigen, die im Moment attraktiv erscheinen, die auf lange Sicht jedoch wenig Bedeutung haben. Vielleicht stellt man fest, dass man regelmäßig Geld für Dinge ausgibt, die man nicht wirklich braucht oder die einem keinen nachhaltigen Nutzen bringen. Bei der Überarbeitung des Budgets kann es hilfreich sein, sich zu fragen, welche Ausgaben einem tatsächlich Freude bereiten und welche eher unbefriedigend sind. Man entdeckt häufig, dass man bereit ist, bestimmte Ausgaben zu reduzieren oder sogar ganz zu streichen, um Platz für Dinge zu schaffen, die einem wirklich wichtig sind.

Ein weiterer wichtiger Aspekt der Budgetanpassung ist die Flexibilität. Feste Budgets sind zwar hilfreich, aber das Leben ist oft

Finanzielle Unabhängigkeit

unberechenbar. Es kann durchaus vorkommen, dass man Monate hat, in denen man mehr verdienen kann als geplant. Solche zusätzlichen Einnahmen sollten nicht einfach im alten Muster ausgegeben werden, sondern können sinnvoll eingesetzt werden. Vielleicht möchte man einen Teil des Geldes für unerwartete Ausgaben oder für größere Ziele zurücklegen, wie Reisen oder Sparen für die eigene Ausbildung. Es ist auch eine gute Idee, Rücklagen für Notfälle einzuplanen, damit man im Bedarfsfall nicht in eine finanzielle Notlage gerät.

Außerdem kann es hilfreich sein, regelmäßig einen Blick auf die eigenen Fortschritte zu werfen. Indem man am Ende des Monats die eigenen Ausgaben mit dem Budget abgleicht, kann man erkennen, wo man gut abgeschnitten hat und wo es vielleicht noch Verbesserungspotenzial gibt. Dies schafft ein Gefühl der Verantwortung und hält die Motivation hoch, sich weiterhin mit dem Budget auseinanderzusetzen.

Schließlich sollte man die eigene Einstellung zur Geldverwaltung nicht unterschätzen. Geldangelegenheiten können manchmal sehr emotional sein, und es ist normal, Unbehagen oder Angst zu empfinden, wenn es um Finanzen geht. Aber gerade mit einer positiven Einstellung wird die Budgetanpassung nicht nur zu einer Notwendigkeit, sondern kann auch zu einer spannenden und ermutigenden Reise werden. Jeder Schritt zur Anpassung ist ein Schritt in Richtung finanzieller Unabhängigkeit und Stabilität. Wenn man lernt, das Budget aktiv zu verwalten, hat man die Möglichkeit, ein Leben zu führen, das man selbst gestaltet.

Kapitel 3
Die Bedeutung eines Notfallfonds

Wie viel solltest du sparen?

Das Sparen ist eine der wichtigsten Grundlagen für finanzielle Sicherheit und Zukunftsplanung. Aber wie viel Geld sollte man eigentlich zur Seite legen? Diese Frage ist nicht immer leicht zu beantworten, denn sie hängt von vielen individuellen Faktoren ab. Dennoch gibt es einige allgemeine Überlegungen, die dir helfen können, eine passende Sparstrategie zu finden.

Zunächst einmal spielt dein Lebensstil eine entscheidende Rolle. Wenn du gerade erst ins Berufsleben eingestiegen bist und vielleicht noch keine hohen Ausgaben hast, könntest du in der Lage sein, einen größeren Teil deines Einkommens zu sparen. Vielleicht träumst du von einer Reise oder einem eigenen Zuhause. In diesem Fall wäre es ratsam, monatlich einen festen Betrag zurückzulegen. Stelle dir vor, du legst ein finanzielles Fundament, das dir nicht nur Sicherheit gibt, sondern dich auch auf die Erfüllung deiner Träume vorbereitet.

Finanzielle Unabhängigkeit

Besonders wichtig ist es, regelmäßiger Rücklagen zu bilden, um unvorhergesehene Ausgaben abzufedern. Ein Notgroschen kann dich vor finanziellen Schwierigkeiten schützen, sei es, dass das Auto repariert werden muss oder eine unerwartete Arztrechnung ins Haus flattert. Einige Finanzexperten empfehlen, mindestens drei bis sechs Monatsgehälter als Sicherheit zurückzulegen. Das hört sich vielleicht viel an, doch denk daran: Es geht nicht nur um die reine Summe, sondern auch um das beruhigende Gefühl, das dir solche Rücklagen geben können.

Ein weiterer entscheidender Punkt ist deine langfristige Planung. Überlege, welche Ziele du im Leben hast. Möchtest du eine Familie gründen? Denkst du über deinen Ruhestand nach? All diese Überlegungen sollten in deine Sparstrategie einfließen. Es könnte sinnvoll sein, in bestimmten Lebensabschnitten einen höheren Betrag zu sparen, während du in anderen Phasen vielleicht mehr ausgibst. Lass deine Träume und Wünsche in dein Sparverhalten einfließen.

Letztlich ist das Sparen eine Gewohnheit, die du dir aneignen solltest. Wenn du es schaffst, einen Teil deines Einkommens immer regelmäßig zur Seite zu legen, wird es bald zu einer Selbstverständlichkeit. Auch kleine Beträge können sich über die Zeit summieren und dir ein Gefühl der Zufriedenheit und Unabhängigkeit geben.

Denke daran, dass jeder Weg des Sparens individuell ist und es kein „richtig" oder „falsch" gibt. Finde für dich das passende Maß, das mit deinem Lebensstil und deinen Zielen harmoniert. Es ist nie zu spät, mit dem Sparen zu beginnen, und egal wo du stehst, jeder

Die Bedeutung eines Notfallfonds

kleine Schritt in Richtung finanzieller Sicherheit ist ein Schritt in die richtige Richtung.

Schritte zur Einrichtung eines Notfallfonds

Ein Notfallfonds ist eine wichtige finanzielle Grundlage, die uns in Zeiten unerwarteter Schwierigkeiten wie plötzlichen Reparaturen, medizinischen Notfällen oder unvorhergesehenen Jobverlusten Sicherheit und Ruhe verschafft. Die Einrichtung eines solchen Fonds mag zunächst undurchsichtig erscheinen, doch mit ein paar klaren Schritten wird dieser Prozess einfacher. Hier sind die Schritte, um einen soliden Notfallfonds aufzubauen.

1. Setze ein realistisches Ziel

Bevor du mit dem Sparen beginnst, ist es wichtig, ein klares Ziel vor Augen zu haben. Ein guter Ausgangspunkt ist es, mindestens drei bis sechs Monate deiner monatlichen Ausgaben zu sparen. Nimm die Zeit, deine monatlichen Kosten zu analysieren. Berücksichtige Miete, Lebensmittel, Versicherungen, Transport und andere regelmäßige Ausgaben. Schreibe diese Beträge auf und berechne die Summe. Dies gibt dir eine klare Vorstellung davon, wie viel du für deinen Fonds anstreben solltest.

2. Wähle einen geeigneten Ort für dein Geld

Der Ort, an dem du dein Erspartes aufbewahrst, ist entscheidend. Ein separates Sparkonto ist oft die beste Wahl. Idealerweise sollte dieses Konto leicht zugänglich sein, aber dennoch von deinem regulären Konto getrennt, um Versuchungen zu vermeiden, das Geld für alltägliche Ausgaben zu verwenden. Viele Banken bieten spezielle Konten mit höheren Zinsen für Ersparnisse an. Informiere dich über die Optionen und wähle das Konto, das am besten zu deinen Bedürfnissen passt.

3. Erstelle einen Sparplan

Jetzt, wo du dein Ziel und den Ort festgelegt hast, ist es an der Zeit, einen Sparplan zu erstellen. Überlege dir, wie viel Geld du monatlich in deinen Notfallfonds einzahlen kannst, ohne dass dein regelmäßiger Lebensstil beeinträchtigt wird. Setze dir realistische monatliche Sparbeträge. Es kann hilfreich sein, diesen Betrag direkt nach dem Gehaltseingang auf dein Sparkonto zu übertragen – so stellst du sicher, dass du nicht in Versuchung gerätst, es auszugeben.

4. Automatisiere deine Einzahlungen

Um deinen Sparplan effizient umzusetzen, könntest du die automatisierte Überweisung von deinem Hauptkonto auf dein Sparkonto einrichten. Viele Banken bieten die Möglichkeit, regelmäßige Überweisungen festzulegen. So sparst du dir die Mühe, jeden Monat manuell zu transferieren, und das Geld wird direkt zurückgelegt, ohne dass du darüber nachdenken musst. Netzwerke deine Finanzplanung und den automatisierten Prozess, um sicherzustellen, dass du kontinuierlich Fortschritte machst.

5. Überwache deine Fortschritte

Halte deine Fortschritte im Blick, um sicherzustellen, dass du auf dem richtigen Weg bist. Es ist wichtig, regelmäßig zu überprüfen, wie viel Geld du bereits angespart hast, und gegebenenfalls dein Sparziel anzupassen. Vielleicht hast du in einigen Monaten mehr Geld zur Verfügung oder steigende Ausgaben, die es erfordern, dass

Die Bedeutung eines Notfallfonds

du deinen Plan anpasst. Ein eiserner Sparansatz erfordert Flexibilität.

6. Sei diszipliniert und geduldig

Der Aufbau eines Notfallfonds erfordert Zeit und Disziplin. Lass dich nicht entmutigen, wenn du nicht sofort große Beträge ansparen kannst. Auch kleine Beträge summieren sich im Lauf der Zeit. Achte darauf, nicht in Versuchung zu geraten, dein gespartes Geld für unwichtige Dinge auszugeben. Erinner dich stets daran, dass dieser Fonds für unerwartete Situationen gedacht ist und dir Sicherheit geben soll.

7. Nutze unerwartete Einnahmen

Manchmal kommt Geld unerwartet in unser Leben, sei es durch Steuerrückerstattungen, Boni oder Geschenke. Anstatt dieses Geld auszugeben, könnte es eine ausgezeichnete Gelegenheit sein, einen Teil davon in deinen Notfallfonds zu investieren. Das einmalige Aufstocken deines Fonds kann dir helfen, schneller dein Ziel zu erreichen.

8. Überprüfe regelmäßig deine Ausgaben

Und zu guter Letzt: Halte regelmäßig Ausschau nach Einsparpotenzialen in deinem Alltag. Gründlich vergleichen und sparen kann kleine aber feine Beträge erzeugen, die auf dein Notfallkonto umgeleitet werden können. Vielleicht kannst du Abonnements kündigen oder deine Ausgaben für Freizeitaktivitäten reduzieren. Jede Ersparnis ist ein Schritt näher zu deiner Sicherheit.

Die Einrichtung eines Notfallfonds ist ein unverzichtbarer Bestandteil jedes soliden Finanzplans. Mit einem klaren Ziel, einem

Finanzielle Unabhängigkeit

soliden Sparplan und der nötigen Disziplin sicherst du dir und deiner Familie in Krisenzeiten ein Stück Sicherheit. Nimm dir die Zeit, diese Schritte sorgfältig zu durchdenken und umzusetzen. Jeder noch so kleine Beitrag zählt und bringt dich deinem Ziel näher!.

Kapitel 4
Schulden – Verstehen und Vermeiden

Arten von Schulden: Gut vs. Schlecht

Schulden sind ein Teil unseres Lebens und begegnen uns in verschiedenen Formen. Während viele Menschen Schulden oft als etwas Negatives betrachten, ist es wichtig, die unterschiedlichen Arten von Schulden zu unterscheiden, um einen klaren Blick auf ihre Auswirkungen zu erhalten. Manchmal können Schulden sogar als nützlich angesehen werden, während sie in anderen Fällen Zweifel und Sorgen hervorrufen.

Beginnen wir mit den eher positiven Aspekten von Schulden, die als "gute Schulden" bezeichnet werden können. Gute Schulden entstehen häufig durch Investitionen, die langfristig einen Mehrwert schaffen. Nehmen wir zum Beispiel einen Immobilienkredit. Wenn jemand ein Haus kauft, kann der Kredit zwar zunächst belastend erscheinen, aber die Immobilie gewinnt häufig an Wert und bietet letztendlich nicht nur ein Zuhause, sondern auch eine Geldanlage. Die monatlichen Raten werden zur Investition in die eigene Zukunft, die im besten Fall sogar mit einer Wertsteigerung belohnt wird. Darüber hinaus kann die Zahlung der Hypothek manchmal steuerliche Vorteile mit sich bringen, was über die Zeit zusätzliche finanzielle Entlastung bedeutet.

Ein weiteres Beispiel guter Schulden sind Bildungskredite. Viele Menschen entscheiden sich dafür, in ihre Ausbildung zu investieren, indem sie ein Studium absolvieren oder berufliche Qualifikationen erwerben. So nehmen sie oft Kredite auf, die jedoch in der Regel ein gewisses Maß an Einkommen generieren, das die Rückzahlung der Schulden rechtfertigt. Mit einer soliden Ausbildung erhöhen sich die Chancen auf einen gut bezahlten Job, was die Schuldenlast im Laufe der Zeit immer mehr relativiert und letztendlich in ein besseres finanzielles Leben mündet.

Auf der anderen Seite gibt es die „schlechten Schulden", die oft das Gegenteil darstellen. Sie entstehen häufig durch den Konsum von Gütern und Dienstleistungen, die im Moment der Anschaffung attraktiv erscheinen, aber im Nachhinein wenig bis gar keinen Wert bieten. Zum Beispiel könnte jemand einen Kredit aufnehmen, um sich ein neues Auto zu kaufen, dessen Wert schnell sinkt. Auch die Nutzung von Kreditkarten für luxuriöse Einkäufe, die man sich eigentlich nicht leisten kann, führt oft zu einer Kette von finanziellen Problemen. Diese Art von Schulden hat meist eine hohe Zinslast und kann schnell zu einer Spirale führen, die schwer zu durchbrechen ist.

Das Problem dabei ist oft nicht nur die finanzielle Belastung, sondern auch die emotionale. Häufig fühlen sich Menschen, die in Schulden gefangen sind, überfordert und verlieren den Überblick über ihre Finanzen. Anstatt mit einer klaren Perspektive in die Zukunft zu blicken, sitzen sie in einem Kreislauf aus ständigen

Zahlungen und wachsenden Zinsen, was zu Stress und Unsicherheit führt.

Die Unterscheidung zwischen guten und schlechten Schulden ist also entscheidend. Es geht nicht nur darum, wie viel man schuldet, sondern auch, wofür man es verwendet und welche Perspektiven sich daraus ergeben. Während gute Schulden als strategische Investitionen betrachtet werden können, die das Leben langfristig verbessern, können schlechte Schulden zu einem erheblichen Hemmnis werden, das den Weg zu finanzieller Freiheit blockiert. Ein weiser Umgang mit dem Kreditrahmen, das Setzen von Prioritäten und ein klares Verständnis von Schulden können helfen, die Balance zwischen diesen beiden Arten zu finden.

Strategien zur Vermeidung von Schulden

Das Vermeiden von Schulden ist eine Kunst, die viele Menschen erst erlernen müssen. Oftmals beginnt der Weg in die Verschuldung schleichend und unbemerkt. Es ist daher wichtig, gleich zu Beginn ein gesundes Bewusstsein für den Umgang mit Geld zu entwickeln. Eine der effektivsten Strategien zur Vermeidung von Schulden ist, das eigene Finanzverhalten genau zu beobachten und zu reflektieren. Wer sich regelmäßig einen Überblick über die eigenen Einnahmen und Ausgaben verschafft, hat bereits den ersten Schritt gemacht. Dabei ist es hilfreich, sich einen klaren Plan zu erstellen, wie viel Geld für die verschiedenen Lebensbereiche benötigt wird. Dies kann in Form eines einfachen Haushaltsbuchs geschehen, in dem alle Ausgaben festgehalten werden.

Ein weiterer zentraler Aspekt ist, Prioritäten zu setzen. Oft fallen Menschen der Verlockung teurer Wünsche zum Opfer, ohne dabei

Finanzielle Unabhängigkeit

die längerfristigen Konsequenzen im Blick zu haben. Wer es versteht, zwischen Bedürfnissen und Wünschen zu unterscheiden, wird schnell merken, dass viele Käufe nicht unbedingt notwendig sind. Statt impulsiv zu konsumieren, kann man sich die Frage stellen, ob der Kauf wirklich einen Mehrwert für das eigene Leben bringt. Diese Selbstreflexion fördert nicht nur ein bewussteres Leben, sondern hilft auch dabei, Geld zu sparen.

In vielen Fällen ist es ratsam, einen Notgroschen anzulegen. Auch wenn es zunächst schwierig erscheinen mag, ist es ungemein wichtig, sich einen kleinen finanziellen Puffer zuzulegen. Wenn unerwartete Ausgaben auftreten, etwa in Form von notwendigen Reparaturen oder medizinischen Kosten, sorgt dieses finanzielle Polster dafür, dass man nicht sofort auf Kredite angewiesen ist. Wer regelmäßig kleine Beträge zur Seite legt, wird schnell feststellen, wie sich dieser Betrag summiert und eine wichtige Sicherheit gibt.

Ein weiterer entscheidender Punkt ist, mit Kreditkarten und ähnlichen Zahlungsmitteln vorsichtig umzugehen. Diese bieten zwar eine verführerische Flexibilität, können jedoch auch schnell zu einer unübersichtlichen Situation führen. Oftmals verliert man den Überblick über die tatsächlich getätigten Ausgaben, was in der Summe zu hohen Rückzahlungen führen kann. Es lohnt sich, nur das zu kaufen, was man sich auch wirklich leisten kann, und auf Ratenzahlungen zu verzichten, wenn es nicht absolut nötig ist.

Die Kommunikation über Geld ist ebenfalls nicht zu vernachlässigen. In vielen Beziehungen, sei es in der Partnerschaft oder in der Familie, wird oft zu wenig über finanzielle Belange gesprochen. Wenn jeder für sich alleine plant und Entscheidungen trifft, kann dies zu Missverständnissen und finanziellen Problemen führen. Offenheit über Geldangelegenheiten schafft Verständnis und hilft, gemeinsam an einem Strang zu ziehen.

Zusammenfassend lässt sich sagen, dass Schuldenvermeidung ein aktiver Prozess ist, der Disziplin und eine bewusste Lebensweise erfordert. Durch Selbstreflexion, das Setzen von Prioritäten, das Etablieren eines Notgroschens, den bewussten Umgang mit Zahlungsmitteln und eine offene Kommunikation über Geld kann man in eine Zukunft ohne Schulden gehen.

Es ist ein Weg, der nicht immer einfach ist, aber in der Konsequenz zu einem entspannteren und sorgenfreieren Leben führt.

Kapitel 5
Umgang mit Krediten und Kreditkarten

Sinnvoller Einsatz von Kreditkarten

Der sinnvolle Einsatz von Kreditkarten kann eine wertvolle Unterstützung im Alltag sein, wenn man ein paar grundlegende Überlegungen im Hinterkopf behält. Eine Kreditkarte bietet nicht nur die Möglichkeit, Einkäufe ohne Bargeld zu tätigen, sondern kann auch als ein praktisches Werkzeug zur Finanzplanung und -verwaltung dienen. Sie eröffnet zudem die Tür zu zahlreichen Vorteilen, die gut genutzt werden können.

Zunächst ist es wichtig, ein klares Verständnis über die eigenen Ausgaben zu entwickeln. Die Verwendung einer Kreditkarte sollte nicht dazu verleiten, über das eigene Budget hinaus einzukaufen. Stattdessen kann sie helfen, bewusster mit Geld umzugehen. Jeder Einkauf wird nicht nur getätigt, sondern auch dokumentiert. Viele Anbieter von Kreditkarten stellen detaillierte Monatsabrechnungen zur Verfügung, die einen Überblick über die getätigten Ausgaben geben. Dies kann dabei helfen, die eigenen Finanzen besser im Auge zu behalten und unnötige Ausgaben zu reduzieren.

Umgang mit Krediten und Kreditkarten

Ein weiterer Aspekt, der den sinnvollen Einsatz von Kreditkarten prägt, ist die Planung und Nutzung der Zahlungsmöglichkeiten. Wenn man seine Kreditkarte strikt nur für gut durchdachte Käufe nutzt, bleiben die Ausgaben im Rahmen. Ein bewusster Einsatz eröffnet die Chance, von Rabatten oder speziellen Angeboten zu profitieren, die für Kreditkarteninhaber oft zur Verfügung stehen. Außerdem bieten viele Kreditkartenprogramme Bonuspunkte oder Rückvergütungen, die genutzt werden können.

Ebenso ist es ratsam, die Rechnungen immer rechtzeitig zu begleichen. Hierbei kommt es auf Disziplin an, denn das mag zwar auf den ersten Blick bequem erscheinen, kann aber auch in eine kostspielige Schuldenfalle führen, wenn die Zinsen steigen. Wer darauf achtet, die Ausgaben im Griff zu haben und die Rechnungen durchweg pünktlich zu begleichen, kann von den Vorteilen dieser Zahlungsmethode wirklich profitieren, ohne in Schwierigkeiten zu geraten.

Ein zusätzliches Plus ist die Sicherheit, die Kreditkarten bieten. Sie schützen die Käufe und die eigenen Daten im Vergleich zu Bargeld. Bei Verlust oder Diebstahl hat man die Möglichkeit, die Karte schnell zu sperren. Dies ist besonders in einer Zeit, in der Online-Einkäufe immer beliebter werden, von großer Bedeutung. Die meisten Kreditkarten beinhalten auch eine Art Versicherung, die Käufe gegen unbefugte Nutzung absichert.

Darüber hinaus eröffnet die Kreditkarte die Möglichkeit, eine Auslandstransaktion zu tätigen. Wer ins Ausland reist, kann sich meist die hohen Gebühren bei der Währungsumrechnung sparen. Hierbei sollte man jedoch darauf achten, die Karte vor einer Reise zu informieren, um unangenehme Überraschungen und eventuelle Blockierungen der Karte im Ausland zu vermeiden.

Insgesamt kann man sagen, dass der sinnvolle Einsatz von Kreditkarten weitaus mehr ist als nur eine bequeme Zahlungsmethode. Sie bietet die Chance, die eigenen Finanzen im Griff zu behalten, die Kontrolle über Ausgaben zu verbessern und nicht zuletzt auch Sicherheit bei Käufen, sowohl im stationären Handel als auch beim Online-Shopping. Mit Disziplin und einem klaren Budget im Hinterkopf wird die Kreditkarte zu einem wertvollen Begleiter im täglichen Leben.

Verstehen von Zinsen und Rückzahlungsoptionen

Um das Konzept von Zinsen und Rückzahlungsoptionen bei Kreditkarten richtig zu verstehen, ist es wichtig, sich zunächst mit den grundlegenden Mechanismen vertraut zu machen, die hinter diesen Finanzinstrumenten stehen. Kreditkarten bieten eine bequeme Möglichkeit, Käufe zu tätigen, sei es im Geschäft oder online. Mit einem einfachen Wischen oder Drücken eines Knopfes kann man Waren und Dienstleistungen erwerben, ohne sofort Geld auszugeben. Diese Bequemlichkeit hat jedoch ihren Preis, der oft in Form von Zinsen anfällt, wenn der ausstehende Betrag nicht zeitnah zurückgezahlt wird.

Zinsen entstehen, wenn eine ausstehende Summe auf der Kreditkarte nicht innerhalb der vorgegebenen Frist vollständig beglichen wird. Finanzinstitute verlangen für das geliehene Geld einen bestimmten Prozentsatz, der als Zins bezeichnet wird. Dieser

Umgang mit Krediten und Kreditkarten

Prozentsatz variiert je nach Kreditkarte und Kreditwürdigkeit des Nutzers. Je länger die Rückzahlung hinausgezögert wird, desto mehr Zinsen kommen hinzu, was die Gesamtschuld erheblich steigern kann. Daher ist es von großer Bedeutung, die Folgekosten im Blick zu behalten, wenn man sich für eine Kreditkarte entscheidet.

Die Rückzahlungsoptionen bieten dem Karteninhaber einen gewissen Spielraum. Oftmals sieht man sich am Ende eines Abrechnungszyklus mit der Entscheidung konfrontiert, ob man den gesamten Betrag oder nur einen Teil davon zurückzahlen möchte. Entscheidet man sich nur für eine Teilzahlung, wird der restliche Betrag auf die nächste Abrechnung übertragen und unterliegt dann den Zinsen. Dies kann eine anfänglich verlockende Option sein, da man kurzfristig mehr finanziellen Spielraum hat. Es ist jedoch entscheidend, sich der langfristigen Konsequenzen bewusst zu sein, denn die Zinsen können sich schnell summieren und die Rückzahlung über das ursprüngliche Kaufpreis hinaus belasten.

Ein weiteres wichtiges Element ist die Mindestzahlung. Kreditkartenanbieter verlangen häufig, dass zumindest ein minimaler Betrag zurückgezahlt wird, um die Karte aktiv zu halten. Diese Mindestzahlung ist oft niedriger als man denkt, was dazu verleiten kann, nur diesen Betrag zu begleichen. Während das die aktuelle finanzielle Belastung erleichtert, kann dies eine trügerische Lösung sein, die dazu führt, dass sich die Schulden schneller ansammeln als vorgesehen. Über die Zeit kann sich das Gefühl einstellen, in einem finanziellen Teufelskreis gefangen zu sein, wenn man die Kontrolle über die Ausgaben verliert.

Finanzielle Unabhängigkeit

Eine kluge Handhabung der Rückzahlungsoptionen ist somit unerlässlich. Wer seine Kreditkarte verantwortungsvoll nutzt und darauf achtet, den Gesamtbetrag innerhalb der Zahlungsfrist zu begleichen, kann vermeiden, in die Zinsfalle zu tappen. Auf diese Weise bleibt die Kreditkarte ein wertvolles Werkzeug zur Verwaltung der persönlichen Finanzen, anstatt ein ständiger Quell der Sorge. Ein ausgeglichener Umgang, bei dem man sowohl die Vorzüge der Karte als auch die Verantwortung, die sie mit sich bringt, im Gleichgewicht hält, ist der Schlüssel zu einem erfolgreichen finanziellen Leben.

Kapitel 6
Ergebnisorientierte Sparstrategien

Kurzfristige vs. langfristige Ziele

Wenn es um das Thema Sparen geht, spielen die unterschiedlichen Arten von Zielen eine zentrale Rolle in der finanziellen Planung. Kurzfristige und langfristige Ziele haben jeweils ihren eigenen Charakter, ihren eigenen Rhythmus und ihre eigenen Anforderungen, und beide sind untrennbar miteinander verbunden in der Reise zu einem gesünderen finanziellen Leben.

Kurzfristige Ziele sind oft die ersten, die den Menschen in den Sinn kommen, wenn sie anfangen, über das Sparen nachzudenken. Manchmal handelt es sich um Wünsche, die erfüllt werden sollen, wie der Kauf eines neuen Smartphones, eine Reise oder ein neues Kleidungsstück. Diese Ziele sind in der Regel konkret, gut planbar und oft auch finanziell überschaubar. Sie ermöglichen es, schnell Erfolge zu sehen, was motivierend wirkt und die Disziplin stärkt. Bei der Erreichung dieser Ziele ist der zeitliche Rahmen meist überschaubar – oft handelt es sich um einige Monate bis hin zu einem Jahr. Hierbei wird häufig gespart, indem man auf unnötige Ausgaben verzichtet oder einen Teil des Einkommens gezielt zur

Seite legt. Die unmittelbare Belohnung, wenn das Ziel erreicht wird, gibt ein gutes Gefühl und ein Gefühl von Kontrolle über die eigenen Finanzen.

Langfristige Ziele hingegen haben einen anderen Einfluss. Sie erfordern Geduld, Planungsfähigkeit und manchmal auch eine gewisse Entbehrung, weil sie oft über viele Jahre hinweg verfolgt werden. Diese Ziele sind häufig größer angelegt und können sich beispielsweise um den Kauf eines Eigenheims, das Ansparen für die Altersvorsorge oder die finanzielle Absicherung von Kindern drehen. Wenn man an langfristige Ziele denkt, ist es wichtig, eine klare Strategie zu entwickeln, weil die Zeitspanne, in der gespart werden muss, deutlich länger ist. Langfristige Einsparungen können auch mit dem Gedanken an bestimmte Lebensphasen oder Notwendigkeiten, wie beispielsweise die Ausbildung der Kinder oder die finanzielle Freiheit im Alter, verbunden werden. Diese Ziele erfordern ein gewisses Maß an Disziplin und eine konstant positive Einstellung, da sich der Lohn der Mühen oft erst nach langer Zeit zeigt.

Es ist auch wichtig zu betonen, dass kurzfristige und langfristige Ziele sich gegenseitig beeinflussen und ergänzen können. Wer etwa auf eine Traumreise spart, mag dabei auch den Anreiz finden, in anderen Lebensbereichen sparsamer zu sein. Die kleinen Freuden des Lebens, die durch kurzfristige Ziele ermöglicht werden, können eine Grundlage bilden, um auch die größeren langfristigen Wünsche zu verwirklichen. Umgekehrt können langfristige Ziele als treibende Kraft dienen, die es ermöglicht, die Disziplin zu entwickeln, auch für die kleineren Verlockungen des Alltags widerstehen zu können. Der Schlüssel liegt also darin, ein harmonisches Gleichgewicht zwischen diesen beiden Arten von Zielen zu finden, um sowohl die

Ergebnisorientierte Sparstrategien

Bedürfnisse der Gegenwart als auch die Träume für die Zukunft zu berücksichtigen.

Insgesamt zeigt sich, dass das Verständnis von kurzfristigen und langfristigen Zielen beim Sparen eine bedeutende Rolle spielt. Es ist wichtig, beide Perspektiven im Blick zu behalten, denn nur so kann man die eigenen Finanzen ganzheitlich betrachten und in die gewünschte Richtung steuern. Das Zusammenspiel dieser Ziele beschreibt nicht nur eine finanzielle Strategie, sondern auch ein Lebensgefühl, das von Verantwortung und positiven Ausblicken geprägt ist. Wenn es gelingt, kurzfristige und langfristige Ziele miteinander zu verknüpfen, öffnet sich der Blick für ein erfülltes und finanziell sicheres Leben.

Automatisches Sparen: Wie es funktioniert

Das automatische Sparen ist ein durchdachtes Konzept, das immer mehr Menschen hilft, ihre Finanzen besser zu organisieren und für die Zukunft vorzusorgen. Es ist ein einfacher, aber wirkungsvoller Ansatz, der es ermöglicht, Geldbeträge ohne großen Aufwand zur Seite zu legen. Dabei wird das Prinzip der Automatisierung genutzt, um das Sparen zu einer Gewohnheit zu machen, die sich nahtlos in den Alltag integriert.

Das Herzstück des automatischen Sparens liegt in der Regel in der Vernetzung mit dem eigenen Girokonto. Viele Banken bieten mittlerweile die Möglichkeit, einen festen Betrag, sei es wöchentlich oder monatlich, direkt vom Gehaltskonto auf ein Sparkonto zu überweisen. Der Kunde legt dabei im Vorfeld fest, wie viel Geld er sparen möchte und wann diese Überweisung stattfinden soll. Sobald der Arbeitslohn eingegangen ist, wird der vorher festgelegte

Betrag automatisch abgezogen und landet auf dem Sparkonto. Diese Vorgehensweise hat den Vorteil, dass das Geld sofort in die Ersparnisse fließt, bevor es für andere Ausgaben in den Alltag gerät.

Ein weiterer wichtiger Aspekt des automatischen Sparens ist die Psychologie, die damit verbunden ist. Viele Menschen haben Schwierigkeiten, Geld aufzubringen, um es zu sparen, da es oft schnell für andere Dinge verwendet wird, sei es für einen ausgiebigen Einkauf oder ein schönes Essen. Indem das Geld jedoch gleich nach Eingang des Gehalts abgezogen wird, kann man sicherstellen, dass es erst gar nicht zur Verfügung steht, um ausgegeben zu werden. Man könnte sagen, dass man sich selbst eine Art "Zwang" auferlegt, der gleichzeitig die eigene Finanzplanung erleichtert.

Das automatische Sparen kann auch eine Form der Motivation bieten. Wer es einmal in seine Finanzplanung integriert hat, wird oft belohnt durch die sichtbare Zunahme des Sparkontos. Diese Fortschritte führen dazu, dass man sich bewusst wird, wie einfach es sein kann, gewisse Beträge zur Seite zu legen. Oftmals veranlasst es die Menschen, auch größere Ziele ins Auge zu fassen, sei es ein Traumurlaub, eine neue Anschaffung oder die Altersvorsorge. So wird das Sparen nicht mehr als lästige Pflicht angesehen, sondern als ein aktiver Prozess, der eigenständig und mühelos funktioniert.

Für die Menschen, die sich aktiv mit ihren Finanzen auseinandersetzen möchten, bietet das automatische Sparen zudem zahlreiche Optionen zur individuellen Anpassung. Es ist beispielsweise möglich, verschiedene Konten zu nutzen, um spezifische Ziele zu erreichen. Man könnte ein Konto für den nächsten Urlaub, ein weiteres für Notfälle und vielleicht sogar eines

Ergebnisorientierte Sparstrategien

für große Anschaffungen anlegen. Diese Vielfalt ermöglicht es, das Sparen persönlicher und zielgerichteter zu gestalten, was viele dazu anregt, tatsächlich kontinuierlich Geld zurückzulegen.

Zusammengefasst lässt sich sagen, dass automatisches Sparen nicht nur eine praktische Finanzstrategie ist, sondern auch eine Lebensweise fördern kann, die die persönliche Finanzkompetenz und das Verantwortungsbewusstsein stärkt. Es hilft, die eigene finanzielle Zukunft aktiv zu gestalten und ermöglicht es, Träume und Ziele ohne zusätzlichen Stress zu verwirklichen. Mit der richtigen Einstellung und einer gut geplanten Strategie kann jeder mit dem automatischen Sparen beginnen und langfristig von den Früchten seiner Mühe profitieren.

Kapitel 7
Steuern – Ein Überblick für Einsteiger

Grundlegende Steuerarten

Steuern bilden das Rückgrat eines funktionierenden Staates und sind von grundlegender Bedeutung für die Finanzierung öffentlicher Ausgaben. Sie sorgen dafür, dass Schulen, Straßen, Krankenhäuser und viele andere Einrichtungen betrieben werden können, die das tägliche Leben der Bürger beeinflussen. Im Wesentlichen gibt es verschiedene Steuerarten, die unterschiedliche Anwendungsgebiete und Zielgruppen ansprechen, und jede von ihnen beeinflusst die Gesellschaft auf ihre eigene Weise.

Eine der am häufigsten bekannten Steuerarten ist die Einkommensteuer. Sie wird auf die Einkommen von Personen und Unternehmen erhoben und ist für viele der größte Posten, den sie an den Staat abführen müssen. Diese Steuerart ist progressiv gestaltet, was bedeutet, dass Personen mit höheren Einkommen einen höheren Steuersatz zahlen. Dies spiegelt das Prinzip der sozialen Gerechtigkeit wider, indem es sicherstellt, dass wohlhabendere Bürger einen größeren Beitrag zur Finanzierung öffentlicher Dienstleistungen leisten. Die Einkommenssteuer hat also nicht nur finanzielle, sondern auch soziale Dimensionen, da sie dazu beiträgt, Einkommensunterschiede in der Gesellschaft abzumildern.

Eine weitere bedeutende Steuer ist die Mehrwertsteuer. Diese Steuer wird auf den meisten Waren und Dienstleistungen erhoben und ist eine der wichtigsten Einnahmequellen für den Staat. Jedes Mal, wenn wir etwas kaufen, sei es ein Lebensmittel, ein Kleidungsstück oder ein Möbelstück, zahlen wir einen kleinen Betrag an Mehrwertsteuer, der schließlich in die Staatskasse fließt. Die Mehrwertsteuer ist nicht nur eine direkte Einnahmequelle für den Staat, sondern sie beeinflusst auch das Kaufverhalten der Verbraucher. Händler wiederum müssen sich darauf einstellen, dass die Preisgestaltung ihrer Produkte diese Steuer berücksichtigt. Somit hat die Mehrwertsteuer weitreichende Auswirkungen auf die gesamte Wirtschaft.

Neben der Einkommens- und der Mehrwertsteuer gibt es auch die Körperschaftssteuer, die auf die Gewinne von Unternehmen erhoben wird. Diese Steuer ist besonders entscheidend, da sie das unternehmerische Umfeld prägt und Unternehmen dazu anregt, Investitionen zu tätigen und Arbeitsplätze zu schaffen. Ein niedriger Körperschaftssteuersatz kann Unternehmen anziehen und somit die wirtschaftliche Entwicklung fördern. Gleichzeitig ist es für den Staat eine wichtige Einnahmequelle, die zur Finanzierung staatlicher Aufgaben unerlässlich ist.

Ein weiterer Aspekt sind die Vermögenssteuern, die auf das Vermögen einer Person oder eines Unternehmens erhoben werden. Diese Steuerart kann dazu beitragen, die Vermögensverteilung

Finanzielle Unabhängigkeit

innerhalb einer Gesellschaft gerechter zu gestalten. Indem wohlhabendere Bürger oder Unternehmen einen Teil ihres Vermögens an den Staat abgeben, wird der soziale Ausgleich gefördert und die Grundlage für soziale Programme geschaffen, die jenen zugutekommen, die weniger haben.

Diese grundlegenden Steuerarten sind miteinander verwoben und bilden ein komplexes Netz, das die wirtschaftlichen und sozialen Strukturen einer Gesellschaft beeinflusst. Sie sind nicht nur einfache Einnahmequellen für den Staat, sondern tragen auch dazu bei, das Zusammenleben und die wirtschaftliche Stabilität zu sichern. Der Einfluss von Steuern erstreckt sich auf alle Lebensbereiche, sei es im Hinblick auf das persönliche Einkommen, die Preise im Supermarkt oder die Wettbewerbsfähigkeit von Unternehmen auf dem globalen Markt. Daher ist es unerlässlich, dass wir die Bedeutung und das Funktionieren der unterschiedlichen Steuerarten verstehen, um die Zusammenhänge in unserer Gesellschaft besser zu begreifen.

Tipps zur Steuererklärung und -planung

Die Steuererklärung und die damit verbundene Planung sind für viele eine kleine Hürde, die oft mit Unbehagen betrachtet wird. Dabei kann die Auseinandersetzung mit diesem Thema nicht nur weniger belastend sein, sondern auch ganz gezielt dazu dienen, finanzielle Vorteile zu sichern. Ein guter Start ist die frühzeitige Beschäftigung mit der eigenen finanziellen Situation. Wer rechtzeitig beginnt, hat genügend Zeit, sich mit den verschiedenen Aspekten der Steuererklärung auseinanderzusetzen und keine wichtigen Informationen zu übersehen.

Eine gründliche Vorbereitung ist der Schlüssel. Dabei kann es hilfreich sein, alle Belege und Unterlagen zu sammeln, die im Laufe des Jahres anfallen. Dazu zählen nicht nur Lohn- und Gehaltsabrechnungen, sondern auch Quittungen für berufliche Ausgaben oder Spendenbescheinigungen. Wenn man alle notwendigen Dokumente übersichtlich sortiert, erleichtert dies den Prozess erheblich. Der Gedanke, diese Dinge ordentlich zusammenzuhalten, sorgt nicht nur für einen klaren Kopf, sondern gibt auch das nötige Vertrauen in die eigene Steuererklärung.

Die richtige Wahl der Steuererklärungsform spielt ebenfalls eine wichtige Rolle. Wer sich unsicher fühlt, kann über die Möglichkeit nachdenken, sich Unterstützung von einem Steuerberater zu holen. Ein Fachmann kann helfen, versteckte Steuervergünstigungen zu entdecken, die möglicherweise bei einer Selbstveranlagung übersehen würden. Außerdem ist es ratsam, sich frühzeitig über mögliche Änderungen im Steuerrecht zu informieren. Diese können sich von Jahr zu Jahr unterscheiden und haben oft unmittelbare Auswirkungen auf die eigene Steuerlast.

Ein weiterer wichtiger Aspekt ist die vorausschauende Planung der eigenen Finanzen. Es lohnt sich, regelmäßig über Einnahmen und Ausgaben nachzudenken, um die eigene Steuerlast aktiv zu steuern. Wer beispielsweise weiß, dass im kommenden Jahr eine größere Anschaffung ansteht, kann bereits im Vorfeld überlegen, wie sich dies auf die Steuererklärung auswirkt. Auch das Anlegen von Rücklagen für die Steuerzahlung kann Entlastung bringen und finanzielle Engpässe vermeiden.

Zusätzlich ist es klug, auf die verschiedenen Möglichkeiten der Steuervergünstigungen zu achten. Viele Menschen sind sich nicht

Finanzielle Unabhängigkeit

bewusst, dass sie für bestimmte Ausgaben Abzüge geltend machen können. Dazu gehören nicht nur Arbeitsmittel, sondern auch Fahrkosten oder Fortbildungskosten. Je besser man informiert ist und je genauer man die eigenen Ausgaben im Blick hat, desto mehr kann man letztendlich sparen. Wer seine Ausgaben bewusst steuert und aufzeichnet, hat die Chance, steuerlich günstigere Entscheidungen zu treffen.

Diese allumfassende Herangehensweise an die Steuererklärung und -planung kann nicht nur helfen, das oft zu Unrecht gefürchtete Thema zu entschärfen, sondern auch neue Perspektiven zu eröffnen. Am Ende des Tages ist es das Ziel, ein besseres Verständnis für die eigene finanzielle Situation zu gewinnen und das volle Potential aus den zur Verfügung stehenden Möglichkeiten auszuschöpfen. Wenn man sich aktiv mit der eigenen Steuererklärung auseinandersetzt, kann man nicht nur seine Pflichten erfüllen, sondern gleichzeitig auch die Chance nutzen, wirtschaftlich klüger zu handeln.

Kapitel 8
Versicherungen – Schutz vor finanziellen Risiken

Überblick über wichtige Versicherungsarten

Versicherungen sind ein wesentlicher Bestandteil unseres Lebens. Sie bieten Schutz und Sicherheit in einer Welt, die oft unvorhersehbar ist. Ob im Alltag oder in besonderen Lebenssituationen, die richtige Versicherung kann vor finanziellen Einbußen und unerwarteten Ereignissen schützen. In diesem Abschnitt werden wir die wichtigsten Versicherungsarten betrachten, deren Bedeutung und wie sie unsere Lebensqualität beeinflussen.

Eine der grundlegendsten Versicherungen ist die **Haftpflichtversicherung**. Sie schützt den Versicherten vor den finanziellen Folgen, die aus Schäden resultieren, die er einer anderen Person oder deren Eigentum zufügt. Die Haftpflichtversicherung ist besonders wichtig, da sie im Ernstfall vor ruinösen Kosten absichert. Die meisten Menschen kommen in ihrem Leben irgendwann in Situationen, in denen sie unabsichtlich

Finanzielle Unabhängigkeit

Schaden anrichten – sei es durch ein Missgeschick beim Sport oder durch ein versehentlich beschädigtes Eigentum eines Nachbarn. Daher wird sie oft als unverzichtbar angesehen. Während es für viele Pflicht ist, eine Haftpflichtversicherung abzuschließen, bleibt sie für einige Personen, wie beispielsweise Studenten oder Rentner, eine freiwillige Entscheidung, die jedoch sehr sinnvoll ist.

Eine eng verwandte, aber spezifischere Form ist die **Berufsunfähigkeitsversicherung**. Diese Versicherung kommt zum Tragen, wenn eine Person aufgrund eines Unfalls oder einer Erkrankung ihren Beruf nicht mehr ausüben kann. Sie stellt sicher, dass der Versicherte auch in solchen schwierigen Lebensphasen ein Einkommen erhält. Der Schutz reicht über die reine finanzielle Absicherung hinaus; er ermöglicht es den Menschen, ihren Lebensstandard aufrechtzuerhalten, ihre Ausgaben zu decken und notwendige Verpflichtungen zu erfüllen. Diese Versicherung ist gerade für jüngere Berufstätige von großer Bedeutung, da sie oft zahlreiche Lebenspläne, wie den Kauf eines Hauses oder die Gründung einer Familie, mit sich bringt.

Für viele klingt der Gedanke an eine **Krankenversicherung** selbstverständlich. In Deutschland ist sie sogar gesetzlich vorgeschrieben. Sie deckt die Kosten für medizinische Behandlungen und Medikamente, die im Krankheitsfall notwendig werden. Es gibt gesetzliche und private Varianten, wobei beide ihre eigenen Vorzüge und Bedingungen haben. Die gesetzliche Krankenversicherung garantiert eine Grundversorgung und ist in der Regel einkommensabhängig. Die private Krankenversicherung hingegen bietet oft umfangreichere Leistungen und kürzere Wartezeiten, kann jedoch auch mit höheren Kosten verbunden sein. Die Wahl der richtigen Krankenversicherung ist für viele Menschen

Versicherungen – Schutz vor finanziellen Risiken

eine bedeutende Entscheidung und sollte gut überlegt sein, besonders in Anbetracht der persönlichen Lebensumstände und finanziellen Möglichkeiten.

Ein weiterer wichtiger Bereich ist die **Lebensversicherung**, die zur finanziellen Absicherung der Angehörigen dient. Sie spielt vor allem dann eine entscheidende Rolle, wenn die versicherte Person verstirbt. In solchen emotionalen Zeiten kann es eine große Unterstützung sein, wenn die Hinterbliebenen sich nicht um finanzielle Sorgen kümmern müssen. Lebensversicherungen sind vielschichtig – von der klassischen Risikolebensversicherung, die nur im Todesfall Leistungen ausschüttet, bis hin zur kapitalbildenden Lebensversicherung, die auch als Altersvorsorge fungiert. Gerade in Zeiten steigender Lebenshaltungskosten und unsicherer Rentenverhältnisse ist die Lebensversicherung ein wichtiges Instrument der finanziellen Planung.

Die **Hausratversicherung** hingegen schützt das persönliche Eigentum in den eigenen vier Wänden vor verschiedenen Risiken wie Einbruch, Feuer oder Wasserschäden. Sie sorgt dafür, dass Wertgegenstände, Möbel und persönliche Erinnerungsstücke im Schadensfall finanziell ersetzt werden. Gerade junge Menschen, die gerade erst in eine eigene Wohnung ziehen, aber auch Familien, die ihr Vermögen schützen wollen, finden in dieser Versicherung einen wertvollen Begleiter. Ein Blick in die eigene Wohnung zeigt schnell, wie viel wertvolles und sentimentales Eigentum sich angesammelt hat. Die Hausratversicherung ermöglicht es den Versicherten, sich gegen das Risiko eines großen Verlustes abzusichern und finanzielle Sicherheit zu gewährleisten.

Finanzielle Unabhängigkeit

Eine nicht minder bedeutsame Versicherung ist die **Rechtsschutzversicherung**, die Unterstützung in rechtlichen Auseinandersetzungen bietet. Wer schon einmal in einen Rechtsstreit verwickelt war, weiß, wie belastend und kostspielig dieser sein kann. Die Rechtsschutzversicherung übernimmt die Anwalts- und Gerichtskosten, wenn es zu einem Rechtsstreit kommt. Sie kann in vielen Lebensbereichen eingesetzt werden, sei es im Arbeitsrecht, Verkehrsrecht oder sogar im Mietrecht. Die Sicherheit, nicht aus finanziellen Gründen auf die Durchsetzung eigener Rechte verzichten zu müssen, ist für viele Menschen ein beruhigendes Gefühl.

Zudem möchten wir die **Unfallversicherung** nicht unerwähnt lassen. Diese Versicherung leistet im Falle eines Unfalls, der zu Verletzungen oder einer dauerhaften Invalidität führt. Im Gegensatz zur Berufsunfähigkeitsversicherung, die die Einkünfte bei Arbeitsunfähigkeit absichert, stellt die Unfallversicherung meist eine einmalige Auszahlung zur Verfügung, die dann für notwendige Behandlungen oder zum Ausgleich von Einkommensverlust eingesetzt werden kann. Diese Form des Schutzes ist besonders für Menschen, die einem hohen Risiko ausgesetzt sind, wie Sportler oder Handwerker, von großer Bedeutung.

Zusammenfassend lässt sich sagen, dass die verschiedenen Versicherungsarten im Wesentlichen darauf abzielen, finanzielle Sicherheit und Schutz vor unvorhergesehenen Ereignissen zu bieten. In einer Welt, die oft von Unsicherheiten geprägt ist, können sie entscheidend für die Lebensqualität und das persönliche Wohlbefinden sein. Die Wahl der richtigen Versicherungen ist, unabhängig von Lebenssituation oder Altersstufe, ein wichtiger Schritt auf dem Weg zu einem abgesicherten und sorglosen Leben.

Versicherungen – Schutz vor finanziellen Risiken

Es ist empfehlenswert, sich regelmäßig mit dem Thema auseinanderzusetzen, um die individuell passende Absicherung zu finden und notwendige Anpassungen vorzunehmen, um immer auf der sicheren Seite zu sein.

Wie viel Versicherungsschutz brauchst du wirklich?

Jeder von uns hat sich sicherlich schon einmal die Frage gestellt: „Wie viel Versicherungsschutz brauche ich eigentlich?" Doch wie kommt man zu einer sinnvollen Antwort? Der Weg zu der perfekten Absicherung ist eine Mischung aus Wissen, ehrlicher Selbsteinschätzung und gezielter Beratung. Es hat viel mit unseren Lebensumständen, unserer Risikotoleranz und unserm finanziellen Spielraum zu tun. Versuchen wir dieses komplexe Thema einmal Stück für Stück zu beleuchten und greifbarer zu machen.

Grundsätzlich kann man sagen, dass Versicherungsschutz dazu da ist, das finanzielle Risiko vor bestimmten Ereignissen zu minimieren. Krankheit, Unfall, Naturkatastrophen - all diese Dinge können uns unvermittelt treffen und uns finanziell nachhaltig belasten. Aber nicht jeder braucht jede Art von Versicherung.

Beginnen wir mit der Krankenversicherung. In vielen Ländern ist sie verpflichtend, doch die Wahl des Umfangs bleibt oft uns überlassen. Eine Basisversorgung kann sinnvoll sein, um die grundlegenden Behandlungskosten abzudecken. Darüber hinaus gibt es zusätzliche Versicherungen für Heilpraktiker, Zahnersatz oder gar eine stationäre Zusatzversicherung. Hier muss jeder für sich abwägen, was einem wichtig ist. Bist du jemand, der lieber auf moderne Medizin und neueste Behandlungsmethoden zurückgreift? Oder reicht dir die Grundversorgung? Die gesunde Mitte ist oft ein guter Weg, wobei man sich immer fragen sollte: Was ist mir meine Gesundheit wert?

Dann gibt es da die Haftpflichtversicherung. Wer einmal miterlebt hat, wie schnell ein Unglück geschieht, weiß um die Bedeutung dieser Versicherung. Überlege, wie leicht es passieren kann, dass ein Missgeschick große finanzielle Schäden verursacht – sei es das Hineinlaufen ins teure Fahrrad eines Freundes, das gefüllte Wasserglas, das auf den teuren Laptop kippt oder das Missgeschick bei der Gartenparty, das jemand ins Krankenhaus bringt. Eine private Haftpflicht schützt dich vor solchen Situationen. Ohne sie können auch kleinere Unfälle erhebliche finanzielle und rechtliche Folgen nach sich ziehen.

Wohnst du in einer gemieteten Wohnung, so ist eine Hausratversicherung ebenfalls ratsam. Sie deckt Schäden durch Einbruch, Feuer, Leitungswasser oder Sturm ab. Man glaubt oft, dass einem nichts passiert, bis man plötzlich vor einem rauchgeschwärzten Fenster steht oder merkt, dass Einbrecher alle Wertsachen gestohlen haben. Auch hier gibt es Unterschiede in der Deckung. Einige Policen schließen etwa Überspannungsschäden durch Blitzeinschlag oder Wertsachen außerhalb der Wohnung mit ein. Es lohnt sich, genau zu prüfen, was nötig ist und was nicht.

Für viele Menschen sind Berufsunfähigkeits- und Lebensversicherungen besonders wichtig. Denke an die Absicherung deiner Arbeitskraft. Was passiert, wenn du durch Krankheit oder Unfall dauerhaft arbeitsunfähig wirst? Hat man keine Rücklagen oder Partner, der einspringt, gerät schnell die

Versicherungen – Schutz vor finanziellen Risiken

finanzielle Sicherheit Deutschlands liebstes Gut: das Eigenheim, Haushalt und Mobilität ins Wanken. Auch hier ist zu bedenken: Eine umfassende Beratung hilft dir hierbei, die richtige Entscheidung zu treffen, da die Versicherungssummen und Bedingungen oft komplex und nicht leicht durchschaubar sind.

Des Weiteren stellt sich für viele Familien die Frage nach der Lebensversicherung. Wenn du Hauptverdiener in deiner Familie bist, kann diese Versicherung deinen Lieben finanziell helfen, jetzt und für die Zukunft abgesichert zu sein. Hier geht es um Sicherheit, besonders für die Kinder, die ohne den Fortbestand des Einkommens möglicherweise Bildungschancen verlieren oder den Lebensstandard massiv reduzieren müssten. Durch die finanzielle Absicherung wird jedoch gewährleistet, dass sich die Hinterbliebenen in einer ohnehin schon schwierigen Zeit nicht auch noch Sorgen um Geld machen müssen.

Ein nicht zu vernachlässigender Punkt ist die Altersabsicherung. Während die gesetzliche Rentenversicherung eher eine Basisabsicherung darstellt, sorgen private Rentenversicherungen für zusätzlichen Komfort im Alter. Viele Menschen unter uns unterschätzen, wie hoch der Bedarf im Alter wirklich ist. Willst du auch im Rentenalter deine bisherige Lebensführung beibehalten, die irgendwann kleine Schritte in Richtung Hobbys und Reisen unternimmt? Dann ist hier frühzeitig Vorsorge zu treffen.

Zusätzlich dazu magst du dich fragen, ob eine Unfallversicherung sinnvoll ist. Diese kann etwaige Versorgungslücken schließen, wenn du durch einen Unfall beeinträchtigt bleibst. Gerade für Menschen, die viel auf Reisen sind oder sportlichen Aktivitäten nachgehen, ist dieser Schutz durchaus eine Überlegung wert.

Finanzielle Unabhängigkeit

An diesen Beispielen zeigt sich, dass es nicht den einen richtigen Weg gibt, sondern dich deine persönliche Lebenssituation leiten sollte. Das Vorsatzdenken sollte immer lauten: Wo liege ich mit meinen Lebensumständen? Bin ich Single? Lebe ich in einer Partnerschaft oder bin ich sogar Familienvater? Arbeite ich in einem Beruf mit hohem Risikofaktor oder eher in einer sicheren Büroumgebung? Wie flexibel und belastbar ist mein finanzielles Polster? Und nicht zuletzt: Wie ist meine persönliche Risikoauffassung? Einige Menschen sparen lieber monatlich etwas mehr, um Versicherungen abzuschließen, während andere das Risiko lieber selbst schultern und nur die notwendigsten Absicherungen wählen. Auch das Selbstvertrauen und der Hang dazu, eigene Lösungen zu finden, reflektiert darin, wie intensiv man seine Versicherungen auswählt.

Zu guter Letzt bleibt ein klarer Appell: Bewerte deine Situation regelmäßig. Lebensumstände ändern sich. Was heute sinnvoll erscheint, könnte morgen schon überflüssig oder anders erforderlich sein. Eine Überprüfung der bestehenden Verträge und Bedarfe sollte daher regelmäßig erfolgen, insbesondere bei Lebensereignissen wie Heirat, Geburt eines Kindes, Erwerb von Wohnraum oder beruflichen Veränderungen.

Bleib informiert, sei ehrlich mit dir selbst und hole dir professionelle Beratung, wenn du unsicher bist. So findest du die für dich passende Balance. Denn am Ende des Tages ist es dein Leben und deine Sicherheit, die du schützen willst – durch eine gut durchdachte und passende Versicherungslösung.

Kapitel 9
Die richtige Einstellung zu Geld

Mindset und Geld: Wie Gedanken deine Finanzen beeinflussen

Im Leben eines jeden Menschen spielt Geld eine wesentliche Rolle. Ob wir es gerade in ausreichendem Maß haben oder es uns fehlt, hat einen tiefgreifenden Einfluss auf viele Aspekte unseres Alltags. Doch oft wird ein entscheidender Faktor übersehen, wenn es um finanzielle Stabilität und Wohlstand geht: unser Mindset, also unsere innere Einstellung und Denkweise. Diese mentale Haltung kann, bewusst oder unbewusst, unsere finanziellen Möglichkeiten stark beeinflussen.

Unser Mindset entwickelt sich aus einer Vielzahl von Quellen: Erziehung, Bildung, Erfahrungen und Einflüsse aus unserem Umfeld. Diese Prägungen setzen tiefe Spuren in unserem Denken und Handeln. So ist die Art und Weise, wie wir über Geld denken, oft das Resultat von Glaubenssätzen, die wir schon in unserer Kindheit gelernt haben. Wenn wir beispielsweise von unseren Eltern immer wieder gehört haben, dass „Geld den Charakter verdirbt"

Finanzielle Unabhängigkeit

oder „nur harter, ehrlicher Arbeit Wohlstand bringt", prägt das unser Bewusstsein und unsere Erwartungen über ein Leben lang. Diese Gedankenmuster können hinderlich sein, besonders wenn sie uns daran hindern, offen und positiv über finanzielle Chancen nachzudenken. Negative Glaubenssätze über Geld können uns dazu bringen, Risiken zu scheuen, Investitionen zu vermeiden oder schlichtweg zu glauben, dass Wohlstand nur den anderen vorbehalten ist. Ein weit verbreiteter Irrglaube ist die Idee, dass man bestimmte Fähigkeiten oder ein bestimmtes „Glück" braucht, um finanziell erfolgreich zu sein. Diese Annahmen setzen uns unsichtbare Grenzen und schmälern unsere erlebten Möglichkeiten erheblich.

Doch wie können wir diese negativen Denkmuster durchbrechen und ein positives Mindset entwickeln, das uns dazu befähigt, finanzielle Freiheit zu erreichen? Der erste Schritt ist, sich seiner eigenen Glaubenssätze bewusst zu werden. Oft sind diese tief in unserem Unbewussten verankert und wirken, ohne dass wir es merken. Achtsamkeit und Selbstreflexion sind hier entscheidend. Notiere einmal, welche Gedanken dir spontan in den Sinn kommen, wenn du an Geld denkst. Sind es eher positive oder negative Assoziationen? Glaubst du, dass du finanziellen Erfolg verdienst, oder schleichen sich Zweifel ein?

Hat man diese Glaubenssätze erst einmal ans Licht geholt, gilt es, sie herauszufordern und zu prüfen. Stelle dir Fragen wie: „Stimmt das wirklich?" oder „Kann ich diese Annahme irgendwie widerlegen?" Ein weiterer kraftvoller Schritt ist die Umformung negativer Überzeugungen in positive Affirmationen. Statt „Ich werde nie genug Geld haben" könntest du zum Beispiel denken:

Die richtige Einstellung zu Geld

„Ich ziehe Wohlstand und Fülle in mein Leben." Solche positiven Bestärkungen können nach und nach das Bewusstsein umprogrammieren und eine positive Veränderung herbeiführen.

Ein weiteres zentrales Element des Erfolgs ist die Einstellung zum Thema Scheitern. Viele Menschen haben eine tief sitzende Angst vor dem Verlieren von Geld und vor Fehlschlägen. Dies hindert sie daran, neue finanzielle Chancen wahrzunehmen und notwendige Risiken einzugehen. Doch Scheitern ist oft ein unvermeidlicher Teil des Lernprozesses auf dem Weg zum Erfolg. Anstatt Misserfolgen eine absolute Negativ-Bewertung zu geben, können wir sie als wertvolle Lektionen sehen, aus denen wir lernen und wachsen können.

Ein positives Mindset bedeutet auch, Verantwortung für die eigenen Finanzen zu übernehmen. Es geht darum, aktive Entscheidungen zu treffen und nicht darauf zu warten, dass sich die Dinge von selbst verbessern. Das beinhaltet Budgetierung, das Sparen und strategische Investitionen. Dabei ist Bildung von zentraler Bedeutung. Wer über solide finanzielle Kenntnisse verfügt, wird eher in der Lage sein, fundierte Entscheidungen zu treffen und diese auch selbstbewusst umzusetzen. Indem wir ständig unser Wissen erweitern und uns weiterbilden, kultivieren wir ein Gefühl der Kontrolle und Selbstwirksamkeit in Bezug auf unsere finanziellen Angelegenheiten.

Ein oft unterschätzter Einflussfaktor auf unser finanzielles Mindset ist unser soziales Umfeld. Menschen, die uns nahe stehen, können unbewusst sehr starke Effekte auf unser Denken und Handeln ausüben. Umgebe dich mit Menschen, die dich inspirieren, motivieren und die ein gesundes Verhältnis zu Geld haben. Diese

Finanzielle Unabhängigkeit

positiven Einflüsse können dich ermutigen, selbst größere finanzielle Ziele zu setzen und diese auch zu erreichen. Der Austausch mit Gleichgesinnten kann zudem wertvolle Einblicke und Perspektiven bieten, die dir dabei helfen, deine finanzielle Strategie weiter zu verbessern.

Ein aktives und proaktives Mindset führt dazu, dass wir unser finanzielles Leben nicht als festgefahren oder determiniert wahrnehmen, sondern als einen Bereich, in dem wir durchaus Gestaltungsmöglichkeiten haben. Es lässt uns neue Gelegenheiten sehen und erkennen, dass Wohlstand kein statischer Zustand, sondern ein dynamischer Prozess ist, den wir durch unser Handeln und Denken beeinflussen können. Das Annehmen dieser Haltung verleiht uns die Kraft, in Krisenzeiten resilient zu bleiben und langfristig ein erfülltes und wirtschaftlich stabiles Leben zu führen.

Selbstverständlich ist die Entwicklung eines positiven Mindsets keine einmalige Sache, sondern ein fortwährender Prozess. So wie unser Leben sich ständig verändert, sollten auch unsere Denkweisen und Einstellungen immer wieder reflektiert und angepasst werden. Regelmäßige Achtsamkeit und Reflexion über die eigenen finanziellen Ziele, Werte und Fortschritte können uns helfen, auf Kurs zu bleiben und kontinuierlich zu wachsen.

Zusammengefasst ist ein gesundes und positives Mindset ein unschätzbar wertvolles Gut auf dem Weg zu finanzieller Unabhängigkeit. Es öffnet uns die Türen zu neuen Möglichkeiten und befähigt uns, nicht nur Träume zu haben, sondern diese auch in die Realität umzusetzen. Indem wir unsere Denkweisen und Glaubenssätze verändern und unsere Finanzen aktiv gestalten,

Die richtige Einstellung zu Geld

schaffen wir die Grundlage für dauerhaften Wohlstand und Erfüllung.

In dem Maße, wie wir unsere inneren Blockaden überwinden und unsere Gedanken in eine positive Richtung lenken, können wir nicht nur unser finanzielles, sondern auch unser gesamtes Leben transformieren. Ein starkes, positives Mindset ist das unsichtbare Fundament, auf dem nachhaltiger finanzieller Erfolg gebaut wird.

Umgang mit Geldstress

Geldstress kann ein erdrückendes Gefühl sein, das sich durch alle Aspekte des Lebens zieht. Egal ob sich die Sorge um die nächste Miete, offene Rechnungen oder unvorhergesehene Ausgaben dreht – ständiger finanzieller Druck zehrt an den Nerven und raubt den Schlaf. Doch auch in der scheinbar aussichtslosesten Situation gibt es Wege und Strategien, um mit dem Geldstress umzugehen und einen klaren Kopf zu bewahren. Diese Methoden setzen nicht nur auf nüchterne Sparmaßnahmen, sondern auch auf emotionalen Beistand und eine Neuausrichtung der persönlichen Einstellung zum Thema Geld.

Der erste Schritt im Umgang mit Geldstress ist das Anerkennen seiner Existenz. Viele Menschen neigen dazu, ihre finanziellen Sorgen zu verdrängen oder kleinzureden, was die Situation oft nur schlimmer macht. Ein ehrlicher Blick auf die eigene Lage ist unerlässlich. Nimm die vorhandenen Unterlagen zur Hand, setz dich an einen ruhigen Ort und verschaff dir einen Überblick über deine finanzielle Situation. Auch wenn es unangenehm ist, so gibt diese Bestandsaufnahme ein klares Bild und die Grundlage, um gegen den Stress anzugehen.

Finanzielle Unabhängigkeit

Nachdem du einen realistischen Überblick hast, kann eine strukturierte Planung hilfreich sein. Erstelle ein einfaches Budget, das alle regelmäßigen Einkünfte und Ausgaben umfasst. Setze Prioritäten: Welche Ausgaben sind zwingend notwendig und welche können eventuell reduziert oder verschoben werden? Sei ehrlich mit dir selbst und stelle sicher, dass du dein Budget realistisch hältst. Plane auch ein wenig Spielraum für unvorhergesehene Ereignisse ein. Das gibt dir Sicherheit und verhindert, dass du von jeder kleinen Abweichung erneut in Stress gerätst.

Ein wichtiger Aspekt im Umgang mit Geldstress ist es, sich klarzumachen, dass man nicht allein ist. Finanzielle Schwierigkeiten sind weit verbreitet, und es ist keine Schande, sich Unterstützung zu holen. Öffne dich gegenüber Verwandten oder Freunden, denen du vertraust, oder suche professionelle Hilfe bei einer Schuldnerberatung. Diese Fachleute können wertvolle Tipps geben und dich dabei unterstützen, einen individuellen Plan zu entwickeln. Das Reden über finanzielle Sorgen kann bereits eine enorme Erleichterung verschaffen. Manchmal ist die größte Hürde nicht die eigentliche Schuldenlast, sondern das Gefühl der Isolation.

Zusätzlich zur emotionalen Unterstützung kann es vorteilhaft sein, sich finanztechnisches Wissen anzueignen. Viele Menschen geraten in finanzielle Schwierigkeiten, weil sie grundlegende Prinzipien des Geldmanagements nicht kennen. Nutze Angebote wie Workshops, Vorträge oder kostenlose Online-Kurse, um deine Kenntnisse zu erweitern. Mit wachsender Kompetenz im Umgang mit Geld wird nicht nur die finanzielle Lage übersichtlicher, sondern auch das Gefühl der Kontrolle gestärkt. Du wirst sehen, dass sich durch nur wenige, aber bewusste Änderungen im Verhalten eine deutliche Verbesserung einstellen kann.

Die richtige Einstellung zu Geld

Neben den strukturellen Anpassungen ist es wichtig, auf die eigene Psyche zu achten. Dauerhafter Geldstress bleibt nicht ohne Folgen und kann zu gesundheitlichen Problemen wie Schlafstörungen, Depressionen oder sogar Herz-Kreislauf-Erkrankungen führen. Finde deshalb Ausgleich und Entspannung in deinem Alltag. Sport, Naturerlebnisse oder kreative Hobbys helfen, den Kopf frei zu bekommen und die Sorgen zeitweise auszublenden. Atemübungen oder Meditation können ebenfalls dazu beitragen, innere Ruhe zu finden.

Um dem Kreislauf des Geldstresses langfristig zu entkommen, ist es zudem ratsam, sich mittel- und langfristige Ziele zu setzen. Arbeite darauf hin, einen kleinen Notgroschen anzusparen, der dir in Notsituationen finanziellen Spielraum bietet. Auch wenn es zunächst schwierig erscheint, regelmäßige kleine Beträge beiseite zu legen, summieren sich diese über die Zeit und stellen eine wichtige Sicherheitsreserve dar. Dieser finanzielle Puffer kann dafür sorgen, dass unvorhergesehene Ereignisse nicht sofort in neue Stresssituationen münden.

Ein weiterer Ansatz zur Stressbewältigung kann die Reduzierung materieller Erwartungen sein. In der heutigen Konsumgesellschaft ist der Druck groß, immer mithalten zu müssen – neuestes Handy, modische Kleidung, luxuriöse Urlaubsreisen. Alles vermeintlich Notwendige kostet Geld und erhöht den Stress, es sich leisten zu können. Stelle dir daher die Frage: Was ist für dich wirklich wichtig? Was brauchst du, um glücklich zu sein? Oft stellt sich heraus, dass es nicht die teuren Anschaffungen sind, die letzten Endes zufrieden machen, sondern die einfachen Dinge im Leben – Zeit mit lieben Menschen, ein gutes Gespräch oder ein ausgedehnter Spaziergang.

Finanzielle Unabhängigkeit

Eine oft übersehene Methode, den Geldstress zu lindern, ist Dankbarkeit. Trotz der finanziellen Herausforderungen gibt es immer etwas, wofür man dankbar sein kann. Eine bewusste Übung in täglicher Dankbarkeit lenkt den Fokus auf das Positive im Leben und kann helfen, die Perspektive zu verschieben. Ein Dankbarkeitstagebuch, in das du jeden Abend drei Dinge schreibst, für die du dankbar bist, kann Wunder wirken. Indem du wertschätzt, was du hast, anstatt dich ständig zu sorgen, über das, was du nicht hast, entsteht ein Gefühl von Fülle und Zufriedenheit.

Schließlich kann es hilfreich sein, bewusst die eigene Einstellung zum Thema Geld zu überdenken. Viele Menschen verbinden mit Geld Schuldgefühle, Angst oder Scham. Indem du dir klarmachst, dass Geld nur ein Mittel zum Zweck ist und nicht deinen Wert als Mensch bestimmt, nimmst du ihm die Macht, dich emotional zu belasten. Entwickle ein gesundes Verhältnis zu Geld – sehe es als Werkzeug zur Erreichung deiner Ziele, nicht als ultimativen Lebenszweck.

Zusammengefasst lässt sich sagen, dass der Umgang mit Geldstress eine vielschichtige Angelegenheit ist, die sowohl praktische Maßnahmen als auch mentale Strategien erfordert. Indem du einen klaren finanziellen Überblick gewinnst, dir Unterstützung holst und gleichzeitig an deiner inneren Einstellung arbeitest, kannst du den finanziellen Druck erheblich lindern. Diesen Weg zu beschreiten, erfordert Mut und Ausdauer, doch die Belohnung ist nicht nur eine stabilere finanzielle Lage, sondern auch ein gesünderes, glücklicheres und stressfreieres Leben.

Kapitel 10

Geld sparen im Alltag

Spartipps für den täglichen Einkauf

Der Alltag kann ganz schön herausfordernd sein, vor allem wenn es um die Finanzen geht. Der tägliche Einkauf ist eine der Gelegenheiten, bei denen wir unbewusst viel Geld ausgeben können. Die Geschichte ist oft die gleiche: Man geht mit der Absicht, nur das Nötigste zu kaufen, aber am Ende hat man den Einkaufswagen bis zum Rand gefüllt und das Budget überschritten. Doch keine Sorge, es gibt zahlreiche einfache Tipps und Tricks, die dabei helfen können, beim Einkaufen Geld zu sparen, ohne auf Qualität oder Genuss verzichten zu müssen.

Ein gutes Beispiel für einen solchen Ansatz ist die bewusste Planung vor dem Einkauf. Oftmals neigen wir dazu, uns von den Angeboten im Supermarkt leiten zu lassen, anstatt eine klare Vorstellung davon zu haben, was wir wirklich brauchen. Nimm dir also eine kurze Auszeit, um eine Einkaufsliste zu erstellen, bevor du dich ins Gedränge stürzt. Überlege dir, welche Lebensmittel und Produkte du für die kommende Woche benötigst. Indem du im Voraus planst, schaffst du nicht nur eine klare Orientierung, sondern reduzierst auch das Risiko, impulsiv Dinge zu kaufen, die letztlich nicht notwendig sind.

Ein weiterer Vorteil der Einkaufsplanung liegt in der Möglichkeit, saisonale und regional verfügbare Produkte zu berücksichtigen. Obst und Gemüse, das gerade Saison hat, ist oft nicht nur frischer, sondern auch preiswerter. Das Gleiche gilt für regionale Produkte, die oft ohne lange Transportwege im Supermarkt landen. Diese Produkte sind nicht nur gut für deinen Geldbeutel, sondern auch besser für die Umwelt. Wenn du beim Einkauf Wert auf Nachhaltigkeit legst, sparst du gleich doppelt.

Darüber hinaus kann es sehr hilfreich sein, beim Einkauf auf die Regale auf Augenhöhe zu schauen. Oft sind die teureren Markenprodukte dort platziert, während günstigere Alternativen sich in oberen oder unteren Regalen befinden. Nimm dir die Zeit, auch diese weniger ins Auge fallenden Produkte genau anzusehen. Manchmal findest du qualitativ hochwertige Lebensmittel zu einem deutlich niedrigeren Preis. Dazu gehört auch, die einzelnen Produkte zu vergleichen. Anhand des Preises pro Einheit, also zum Beispiel den Preis pro Liter oder pro Kilogramm, kannst du die besten Entscheidungen treffen.

Wenn du in der Situation bist, beim Einkaufen noch etwas flexibel sein zu können, ist es eine gute Idee, die Preise in verschiedenen Supermärkten zu vergleichen. Manchmal kann ein kleiner Umweg zu einem anderen Geschäft große Einsparungen mit sich bringen. Viele Supermärkte haben wöchentliche Angebote oder Rabattaktionen, die es wert sind, beachtet zu werden. Du kannst dir die Zeit nehmen, die Prospekte zu durchstöbern oder Apps zu benutzen, um die besten Angebote in deiner Nähe zu finden. Es kann sich auf lange Sicht lohnen, samstags die Zeit für einen Preisvergleich einzuplanen, bevor du deine Wocheneinkäufe erledigst.

Ein weiterer cleverer Trick besteht darin, die Größe der Verpackungen zu beachten. Manchmal erscheint ein großes Paket auf den ersten Blick wie ein gutes Schnäppchen, doch bei näherer Betrachtung kann sich herausstellen, dass die kleinere Variante eigentlich günstiger kommt, vor allem wenn man sie nicht regelmäßig nutzt oder sie irgendwann abläuft. Dies ist oft bei Snacks, Fertiggerichten und anderen nicht verderblichen Waren der Fall. Hier ist es wichtig, eine gut informierte Entscheidung zu treffen, die deinen tatsächlichen Verbrauch widerspiegelt.

Da wir gerade von Snacks sprechen, ist es wichtig, auch auf seine eigenen Essgewohnheiten zu achten. Wenn du versuchst, Geld zu sparen, ist es sinnvoll, weniger verarbeitete Lebensmittel zu kaufen. Diese sind nicht nur oft teurer, sie sind häufig auch weniger gesund. Anstelle vom Fertiggericht oder dem kleinen Snack aus dem Regal ist es eine hervorragende Möglichkeit, selbst zu kochen oder kleine Snacks wie Obst und Nüsse zu besorgen. Initiiere einen kleinen Kochabend in der Woche, in dem du größere Mengen zubereitest und dann portionsweise einfrierst. Dies spart nicht nur Geld, sondern ist auch eine gesunde und nachhaltige Wahl.

Wenn du in der Lage bist, Essensplanung in deinen Alltag zu integrieren, kannst du auch gezielt Reste nutzen. Viele Menschen kochen zu viel, haben dann aber nichts mit den Resten anzufangen. Überlege dir kreative Möglichkeiten, wie du Reste in deine nächste Mahlzeit integrieren kannst. Ein übrig gebliebenes Stück Gemüse kann oft eine leckere Suppe oder einen schmackhaften Eintopf ergeben. Es ist erstaunlich, wie viel du sparen kannst, indem du das Wegwerfen von Lebensmitteln minimierst.

Hast du schon einmal von den Vorteilen einer Mitgliedschaft in einem Kundenbindungssystem gehört? Viele Supermärkte bieten Rabatte oder Punkte an, die man bei jedem Einkauf sammeln kann. Das ist eine einfache Möglichkeit, auf laufende Aktionen oder spezielle Rabatte aufmerksam gemacht zu werden. Oftmals gibt es auch monatliche Rabatte oder exklusive Angebote, die nur für Mitglieder zugänglich sind. Auch wenn die Rabatte oft klein erscheinen, summieren sie sich im Laufe der Zeit und können dir helfen, einen Teil deiner Ausgaben zurückzuerhalten.

Zusätzlich ist es wichtig, darauf zu achten, wie oft du unterwegs isst oder Snacks kaufst. Diese Ausgaben summieren sich schnell und belasten das Budget ohne es zu merken. Wenn du vorausschauend planst, kannst du sicherstellen, dass du immer etwas Gesundes dabei hast, was dich davon abhält, am Kiosk oder im Café etwas zu kaufen. Ein einfaches belegtes Brot oder selbstgemachte Müsliriegel können nicht nur Geld sparen, sondern auch eine gesündere Alternative bieten.

Letztlich ist der Umgang mit Geld beim täglichen Einkauf eine Frage der Gewohnheiten und der richtigen Einstellung. Es geht nicht nur darum, Geld zu sparen, sondern auch bewusster mit den eigenen Ausgaben umzugehen. Indem du eine klare Planung aufstellst, die richtigen Produkte auswählst und kreative Lösungen für deine eigenen Essgewohnheiten findest, kannst du regelmäßig Geld sparen und gleichzeitig eine gesunde Ernährung fördern.

Diese Tipps zum Sparen beim täglichen Einkauf sind nicht nur nützlich, um das Budget im Griff zu halten, sie fördern auch ein nachhaltiges Konsumverhalten und helfen dir, dich mit deinen Essgewohnheiten auseinanderzusetzen. Wenn du dir diese Routinen zu eigen machst, wird nicht nur dein Geldbeutel entlastet, sondern auch dein Leben insgesamt ausgewogener und gesünder werden, was letztlich allen Bereichen deines Lebens zugutekommt. Auf diese Weise wird Sparen zu einem positiven Erlebnis, das sowohl deinen Körper als auch deine Finanzen bereichert.

Wie du beim Essen und Wohnen Geld sparen kannst

In einer Welt, in der die Lebenshaltungskosten stetig steigen, wird es immer wichtiger, Wege zu finden, bei den alltäglichen Ausgaben zu sparen. Essen und Wohnen zählen dabei zu den größten Budgetposten im Leben eines jeden. Doch wie gelingt es, hier nachhaltig zu sparen, ohne dabei auf Qualität oder Lebensqualität verzichten zu müssen? Der Schlüssel liegt in bewussten Entscheidungen und kleinen Veränderungen im Alltag, die sich summieren und im Laufe der Zeit erhebliche Einsparungen mit sich bringen können.

Beginnen wir beim Essen. Eine ausgezeichnete Möglichkeit, beim Einkauf von Lebensmitteln Geld zu sparen, besteht darin, eine sorgfältige Planung vorzunehmen. Nimm dir Zeit, um eine Wochenplanung zu erstellen, bei der du im Voraus festlegst, was du kochen möchtest. Ein gut durchdachter Speiseplan hilft nicht nur, spontane Käufe im Supermarkt zu vermeiden, sondern sorgt auch dafür, dass du gezielt Zutaten kaufst, die sich in den kommenden Tagen gut kombinieren lassen. Dadurch wird die

Finanzielle Unabhängigkeit

Wahrscheinlichkeit minimiert, dass frische Lebensmittel verderben, was eine häufige Quelle von enttäuschenden Ausgaben ist.

Ein weiterer wertvoller Tipp besteht darin, saisonale und regionale Produkte zu bevorzugen. Obst und Gemüse, das gerade zur Saison angeboten wird, ist nicht nur günstiger, sondern auch frischer und geschmackvoller. Besuche lokale Märkte oder Bauernläden und genieße die Vielfalt, die die Natur dir gerade bietet. Viele Menschen haben die Vorstellung, dass Bio-Produkte immer teurer sind, doch oft gibt es in der Saison ausgezeichnete Angebote. Zudem unterstützt du damit die lokale Landwirtschaft und tust etwas Gutes für die Umwelt.

Ein weiterer Aspekt beim Essen sind die Essgewohnheiten. Zu oft greifen wir zu Fertiggerichten oder Snacks, die zwar praktisch sind, aber auf Dauer viel Geld kosten. Es ist eine gute Idee, einfache Gerichte selbst zuzubereiten. Du musst kein Gourmetkoch sein, um schmackhafte Mahlzeiten zuzubereiten. Manchmal reichen schon grundlegende Rezepte, um eine gesunde und sättigende Mahlzeit zu kreieren. Wenn du einmal die Basisrezepte kennst, kannst du diese problemlos variieren und an deine Vorlieben anpassen. Dies spart nicht nur Geld, sondern bietet auch die Möglichkeit, bewusster zu essen.

Ein weiterer cleverer Weg, um den Geldbeutel zu schonen, ist, die Zubereitung größerer Portionen in Angriff zu nehmen. Koche einmal eine größere Menge deiner Lieblingsgerichte und friere die Reste portioniert ein. So hast du für Tage oder sogar Wochen vorbereitetes Essen zur Hand. Dies spart nicht nur Zeit, sondern auch Geld, da du dadurch weniger zum Essen bestellen oder Snacks kaufen musst. Ein selbstgemachtes Gericht ist nicht nur günstiger,

Geld sparen im Alltag

es ist meist auch gesünder und gibt dir die Kontrolle darüber, welche Zutaten du verwendest.

Einen ähnlichen Ansatz kannst du auch beim Wohnen verfolgen. Die Wohnkosten sind häufig eine der größten Ausgaben im Monat. Hier gilt es, klug zu handeln. Beginne damit, deine Wohnsituation zu überprüfen. Hast du möglicherweise mehr Platz, als du tatsächlich benötigst? Wenn du alleine lebst oder nur zu zweit bist, könnte ein kleineres Apartment nicht nur günstiger in der Miete, sondern auch in den Nebenkosten sein. Überlege auch, ob es sinnvoll ist, mit jemandem zusammen zu wohnen. Wohngemeinschaften sind nicht nur eine hervorragende Möglichkeit, Geld zu sparen, sondern oft kommt auch ein sozialer Aspekt hinzu, der das Wohnen angenehmer macht.

Solltest du bereits in einer größeren Wohnung leben, dann ist ein regelmäßiger Blick auf die Nebenkosten ratsam. Überprüfe, wo du sparen kannst. Manchmal kann es genügt, einige kleine Änderungen vorzunehmen: das Licht auszuschalten, wenn du einen Raum verlässt, energiesparende Glühlampen zu verwenden oder weniger oft die Heizung hochzudrehen. Auch die Nutzung von Smart-Home-Technologie kann hier helfen, Kosten zu senken. Ein smarter Thermostat oder intelligente Steckdosen ermöglichen eine geregelte Nutzung von Strom und Heizung.

Wenn du Mietverträge überprüfst, ist es oft möglich, einige Kosten zu verhandeln. Sprich mit deinem Vermieter über die Möglichkeit von Mietsenkungen oder Rabatten, vor allem, wenn du während der Vertragsdauer ein guter Mieter warst. Auch langfristiges Anmieten kann manchmal zu günstigeren Konditionen führen. Hierbei ist eine

Finanzielle Unabhängigkeit

ehrliche Kommunikation wichtig. Dein Vermieter möchte schließlich auch einen verlässlichen Mieter.

Eine weitere Möglichkeit, deine Mietkosten zu senken, ist der Blick auf alternative Wohnformen. Manchmal kann das Wohnen in Randgebieten oder in weniger gefragten Stadtteilen eine erhebliche Ersparnis bedeuten. Oftmals sind dort die Wohnungen günstiger, und du erhältst dennoch eine gute Anbindung an den öffentlichen Nahverkehr. Auch wenn das Pendeln etwas länger dauert, kann sich die tatsächliche Ersparnis der Mietkosten auf lange Sicht wirklich lohnen.

Wenn es um das Einrichten und Dekorieren deines Wohnraums geht, musst du nicht gleich zu teuren Möbeln greifen. Es gibt zahlreiche Möglichkeiten, bei der Wohnungseinrichtung kreativ und preisbewusst zu sein. Flohmärkte und Online-Plattformen, auf denen gebrauchte Möbel verkauft werden, bieten oft eine Schätze an, die nur darauf warten, neu entdeckt zu werden. Ein wenig Geschick beim Renovieren oder Aufarbeiten kann die alten Möbel zu wahren Hinguckern machen. Auf diese Weise kannst du nicht nur Geld sparen, sondern auch deinem Zuhause eine persönliche Note verleihen.

Aktionstage in Baumärkten, ähnliches für IKEA und Co. oder Second-Hand-Läden sind ebenso eine hervorragende Möglichkeit, Geld zu sparen. Hier findet man nicht nur Möbel, sondern oft auch Deko-Artikel zu einem Bruchteil des Neupreises. Konsumiere bewusst und überprüfe, ob deine Käufe tatsächlich notwendig für dein Zuhause sind.

Zusammenfassend lässt sich sagen, dass Sparen beim Essen und Wohnen kein Hexenwerk ist. Es erfordert lediglich ein wenig

63

Geld sparen im Alltag

Planung, Kreativität und die Bereitschaft, in bestimmten Bereichen Veränderungen vorzunehmen. Indem du deine Essgewohnheiten überdenkst, saisonale und regionale Produkte bevorzugst und beim Wohnen weise Entscheidungen triffst, kannst du einen deutlichen Einfluss auf deine Ausgaben haben. Letztlich ist der Prozess nicht nur eine finanzielle Entlastung, sondern auch eine Gelegenheit, bewusster zu leben und nachhaltige Gewohnheiten zu entwickeln. So machst du nicht nur deinem Geldbeutel, sondern auch dir selbst etwas Gutes.

Kapitel 11
Finanzielle Ziele setzen und erreichen

SMART-Ziele für deine Finanzen

Die eigenen Finanzen im Griff zu haben, ist nicht nur eine Frage der Mathematik, sondern auch eine Frage der Planung und der Zielsetzung. Dabei helfen dir nicht irgendwelche Ziele, sondern solche, die SMART sind. Vielleicht hast du schon einmal von der SMART-Methode gehört. Dieser Ansatz stammt ursprünglich aus dem Projektmanagement und der Unternehmensführung, lässt sich aber hervorragend auf den persönlichen Finanzbereich anwenden. SMART ist ein Kürzel, das für Spezifisch, Messbar, Attraktiv, Realistisch und Terminiert steht. Diese fünf Eigenschaften bilden den Rahmen für effektive und erreichbare Ziele.

Stell dir vor, du möchtest deine finanziellen Zukunft planen. Ein unspezifisches Ziel wie "Ich möchte mehr Geld sparen" ist zwar nett gemeint, bietet aber wenig Orientierung und ist schwer zu greifen. Ein SMART-Ziel hingegen könnte lauten: "Ich werde bis Ende des Jahres monatlich 200 Euro auf mein Sparkonto überweisen, um eine

Finanzielle Ziele setzen und erreichen

Reisekasse für den nächsten Sommerurlaub zu füllen." Dieses Ziel ist konkret und damit motivierend, weil es einen klaren Weg vorgibt.

Lass uns die einzelnen Bestandteile eines SMART-Ziels im Kontext der Finanzen genauer unter die Lupe nehmen und sehen, wie du diese gezielt für deine persönlichen Finanzpläne nutzen kannst.

Spezifisch bedeutet, dass das Ziel klar und präzise formuliert ist. Anstatt zu sagen "Ich möchte Geld sparen", legst du fest, wie viel du sparen möchtest und wofür. Zum Beispiel: "Ich spare monatlich 200 Euro für eine neue Küche." Diese Spezifität gibt dir ein klares Bild davon, was du erreichen willst, und erhöht den psychologischen Druck, weil ein unverbindliches "Ich will mehr Geld haben" leicht verdrängt werden kann. Ein spezifisches Ziel setzt einen klaren Fokus, der dir hilft, dich auf die nötigen Schritte zu konzentrieren.

Messbar ist der zweite Aspekt und stellt sicher, dass du deinen Fortschritt kontrollieren kannst. Eine messbare Zielsetzung für deine Finanzen bedeutet, dass du Zahlen und konkrete Kriterien einbaust. Durch das Messbare wird dein Ziel greifbar und überprüfbar. Du weißt genau, wann du es erreicht hast. Wenn du beispielsweise ein Ziel hast wie "Ich werde innerhalb von sechs Monaten 1.200 Euro sparen, um eine Notfallreserve aufzubauen", kannst du jeden Monat kontrollieren, wie viel du bereits gespart hast und wie viel noch fehlt.

Attraktiv ist das dritte Kriterium. Deine Ziele sollten so formuliert sein, dass sie für dich selbst ansprechend und motivierend sind. Dabei spielt es keine Rolle, ob es sich um kurzfristige oder langfristige Pläne handelt. Die Attraktivität kann aus dem Nutzen des erreichten Ziels resultieren: "Wenn ich bis Ende des Jahres 1.000 Euro spare, kann ich an einem Wochenende einen Kurztrip in die Berge machen." Dieses Ziel wird dich vermutlich viel mehr motivieren, als wenn du lediglich für "irgendetwas" sparst.

Realistisch heißt, dass das Ziel erreichbar ist. Unrealistische Ziele wie "Ich will in zwei Monaten eine Million Euro sparen" führen nur zu Frustration und sind demotivierend. Dabei ist es wichtig, ehrlich zu sich selbst zu sein und seine aktuelle finanzielle Situation sowie potenzielle Einnahmequellen realistisch einzuschätzen. Wenn du weißt, dass du im Monat maximal 300 Euro zum Sparen zur Verfügung hast, dann ist ein Ziel, 3.000 Euro in einem Jahr zu sparen, vielleicht zu hoch gegriffen. Ein realistisches Ziel würde demnach lauten: "Ich werde innerhalb eines Jahres 3.600 Euro sparen, indem ich monatlich 300 Euro zur Seite lege."

Terminiert macht das Ziel verbindlich, indem es einen klaren Zeitrahmen setzt. Ohne eine Deadline neigen wir dazu, Dinge auf später zu verschieben. Ein gutes finanzielles Ziel hat immer ein festgelegtes Enddatum: "Ich werde bis zum 31. Dezember 2023 5.000 Euro für den Kauf eines Autos sparen." Ein klarer Zeitpunkt gibt dir den Anreiz, kontinuierlich auf dein Ziel hin zu arbeiten, anstatt es auf unbestimmte Zeit hinauszuschieben. Es hilft dir auch, deine Fortschritte besser zu überwachen und gegebenenfalls Anpassungen vorzunehmen.

SMART-Ziele zu setzen hat einen klaren psychologischen Vorteil. Gut definierte und durchdachte Ziele erhöhen die intrinsische Motivation, denn sie zwingen dich, konkreter zu planen und disziplinierter zu handeln. Wenn du weißt, dass du in drei Monaten 600 Euro sparen möchtest, überlegst du dir dreimal, ob du wirklich diesen neuen Pullover kaufen musst, oder ob du das Geld lieber zur Seite legst.

Finanzielle Ziele setzen und erreichen

Aber wie setzt man diese Theorie in die Praxis um? Ein guter Startpunkt ist es, sich zunächst einen Überblick über die eigene finanzielle Situation zu verschaffen. Welche Einnahmen und Ausgaben hast du? Welche Schulden oder offenen Rechnungen existieren? Erst wenn du weißt, wo du stehst, kannst du realistische und spezifische Ziele festlegen. Ein Haushaltsbuch kann dabei ungemein hilfreich sein, ebenso wie diverse Finanzapps, die Einnahmen und Ausgaben kategorisieren und visualisieren können.

Ein Beispiel gefällig? Nehmen wir an, du möchtest dir ein finanzielles Polster für Notfälle aufbauen. Ein SMART-Ziel könnte lauten: "Ich werde innerhalb von einem Jahr 2.400 Euro für eine Notfallreserve sparen, indem ich jeden Monat 200 Euro auf ein separates Sparkonto überweise. Als Belohnung für das Erreichen dieses Ziels gönne ich mir danach ein Wochenende in einem Wellnesshotel." Hier wird das Ziel spezifisch und messbar durch die genaue Summe und den monatlichen Sparbetrag, attraktiv durch die Aussicht auf finanzielle Sicherheit und eine Belohnung, realistisch durch die erreichbaren 200 Euro monatlich und terminiert durch den festen Jahresrahmen.

Durch die SMART-Methode bekommt dein finanzielles Leben Struktur und Richtung. Sie hilft dir nicht nur, konkrete Pläne zu schmieden, sondern auch, sie erfolgreich umzusetzen. Indem du deine Ziele in klare, durchführbare Schritte zerlegst, wird das Erreichen dieser Ziele greifbar und motivierend. Du wirst feststellen, dass, je spezifischer deine Ziele sind, desto leichter fällt es dir, den Überblick zu behalten und konsequent auf sie hinzuarbeiten.

Finanzielle Unabhängigkeit

Zum Schluss ist es wichtig, sich selbst zu reflektieren und regelmäßig den Fortschritt zu überprüfen. Das bedeutet, dass du in deinen Kalender Zeiten einplanst, in denen du schaust, wie nah du deinem Ziel gekommen bist. Diese regelmäßigen Check-ins sind ein wesentlicher Teil des Prozesses und helfen dir, auf Kurs zu bleiben oder Anpassungen vorzunehmen, wenn etwas nicht wie geplant verläuft.

Mit der SMART-Methode für deine finanziellen Ziele legst du den Grundstein für ein planvolles und erfolgreiches Finanzmanagement. Deine Finanzen werden nicht mehr nur ein nebulöser Haufen von Ein- und Ausgaben sein, sondern ein klar strukturiertes Gebilde mit konkret erreichbaren Höhepunkten. Indem du deine Ziele spezifisch, messbar, attraktiv, realistisch und terminiert machst, gibst du dir selbst die beste Chance, finanziellen Erfolg zu haben und ein beruhigtes, kontrolliertes Gefühl zu entwickeln.

Motivation und Durchhaltevermögen

Das Erreichen finanzieller Ziele ist oft ein langer und nicht immer einfacher Weg. Es erfordert Disziplin, strategische Planung und vor allem ein hohes Maß an Motivation und Durchhaltevermögen. Doch wie bleibt man motiviert und behält den langen Atem, den es braucht, um finanzielle Meilensteine erfolgreich zu erreichen?

Zunächst einmal ist es wichtig, sich darüber klar zu werden, warum man bestimmte finanzielle Ziele verfolgt. Diese Ziele können vielfältig sein: vielleicht träumt man von einem eigenen Haus, möchte schuldenfrei werden, für die Ausbildung der Kinder vorsorgen oder für den Ruhestand sparen. Jeder Grund ist einzigartig und persönlich, aber sie alle haben eines gemeinsam –

Finanzielle Ziele setzen und erreichen

sie geben dem Leben eine Richtung. Wenn das „Warum?" klar ist, fällt es leichter, die notwendigen Schritte zu unternehmen und auch in schwierigen Zeiten dranzubleiben.

Motivation entsteht oft aus der Vorstellung eines besseren zukünftigen Zustands. Der Gedanke an ein Leben ohne finanzielle Sorgen kann beflügeln. Dabei hilft es, sich das Endziel so konkret wie möglich vorzustellen. Bilde dir ein genaues Bild davon, wie dein Leben aussehen wird, wenn du dein finanzielles Ziel erreicht hast. Stell dir vor, wie es sich anfühlt, im eigenen Zuhause zu stehen, die Freiheit zu spüren, die finanzielle Unabhängigkeit mit sich bringt, oder die Zufriedenheit, wenn du deinen Lebensabend ohne finanzielle Engpässe genießen kannst. Diese konkreten Vorstellungen schaffen eine starke emotionale Verbindung zu deinen Zielen und können als Antrieb dienen, wenn die Motivation im Alltag nachlässt.

Durchhaltevermögen ist in gewisser Weise die Schwester der Motivation. Während Motivation dich in Bewegung setzt, hält dich Durchhaltevermögen auf Kurs. Der Weg zu einem großen finanziellen Ziel ist oftmals von vielen kleinen Schritten geprägt, die zunächst keine spürbaren Ergebnisse zeigen. Hier spielen Routinen eine entscheidende Rolle. Eine klare Struktur und festgelegte Aktionen können dabei helfen, den Fortschritt zu sichern. Automatisiere beispielsweise dein Sparen, indem du einen festen Betrag von deinem Gehalt direkt auf ein Sparkonto überweisen lässt. Diese kleine, aber regelmäßige Handlung summiert sich über die Zeit und bringt dich deinem Ziel Stück für Stück näher.

Ein weiterer wichtiger Aspekt ist die Flexibilität. Selbst mit den besten Plänen können unvorhergesehene Ereignisse eintreten, die

Finanzielle Unabhängigkeit

deine finanzielle Situation beeinflussen. Anstatt daran zu verzweifeln, solltest du dir bewusst machen, dass Rückschläge zum Prozess gehören. Sie bieten die Chance, deine Strategien zu überdenken, Fehler zu analysieren und Anpassungen vorzunehmen. Flexibilität bedeutet also nicht, sein Ziel aufzugeben, sondern mit Geschick und Geduld den Kurs neu zu justieren.

Motivationslöcher sind völlig normal, und es gibt verschiedene Methoden, um sie zu überwinden. Eine Methode ist die Belohnung kleiner Erfolge. Setze dir Zwischenziele und belohne dich, wenn du eines davon erreichst. Diese Belohnungen müssen nicht teuer sein; sie sollen lediglich als Anerkennung für deine Bemühungen dienen und dir neue Energie geben. Ein Abendessen in deinem Lieblingsrestaurant, ein entspannter Tag in der Natur oder ein neues Buch können kleine Motivationsspritzen sein, die dir helfen, die nächsten Schritte zu gehen.

Ebenso wichtig ist es, sich mit Gleichgesinnten auszutauschen. Suche den Kontakt zu Menschen, die ähnliche finanzielle Ziele verfolgen. Diese können dir als Inspiration dienen, dir wertvolle Tipps geben und dir helfen, an deinen Zielen dranzubleiben. Der Austausch mit einer Gemeinschaft, sei es in Form von Freunden, Familienmitgliedern oder sogar Online-Gruppen, kann dir zusätzlichen Rückhalt und Motivation bieten.

Ein oft unterschätzter Punkt ist das Feiern des Prozesses und nicht nur des Endziels. Jeder Schritt, den du in Richtung deiner finanziellen Ziele machst, verdient Anerkennung. Dieser Perspektivwechsel hilft, den gesamten Weg wertzuschätzen, anstatt sich nur auf das finale Ergebnis zu konzentrieren. Erinnere dich daran, wie weit du bereits gekommen bist, anstatt dich auf das zu

Finanzielle Ziele setzen und erreichen

fokussieren, was noch vor dir liegt. Dies stärkt nicht nur deine Motivation, sondern hilft dir auch, ein positives Verhältnis zu deinem finanziellen Fortschritt zu entwickeln.

Schließlich spielt auch deine persönliche Einstellung eine wichtige Rolle. Glaubst du daran, dass du deine finanziellen Ziele erreichen wirst? Dein Selbstvertrauen und der Glaube an deine Fähigkeiten sind entscheidend. Finanzielle Bildung kann hierbei unterstützend wirken. Je besser du über finanzielle Themen informiert bist, desto sicherer fühlst du dich in deinen Entscheidungen. Informiere dich regelmäßig über Sparstrategien, Investitionsmöglichkeiten und wirtschaftliche Entwicklungen. Wissen ist Macht – und in diesem Fall ist Wissen auch Motivation und Unterstützung.

Zusammenfassend lässt sich sagen, dass Motivation und Durchhaltevermögen nicht einfach durch einen einmaligen Entschluss, sondern durch kontinuierliche, oft kleine Handlungen genährt werden. Sie sind das Ergebnis eines Prozesses, der Planung, Selbstreflexion und Anpassungsfähigkeit erfordert. Die Klarheit über die eigenen Motive, konkrete Zwischenziele, regelmäßige Routinen, der Umgang mit Rückschlägen, Belohnungen für kleine Erfolge und das Vertrauen in die eigenen Fähigkeiten bilden den Nährboden, auf dem Motivation und Durchhaltevermögen gedeihen können.

Indem du diese Prinzipien in deinen Alltag integrierst, wirst du nicht nur deine finanziellen Ziele erreichen, sondern auch wachsen und an Stärke gewinnen. Denn am Ende ist die Reise genauso wichtig wie das Ziel selbst. Und auf dieser Reise lernst du nicht nur den Umgang mit Geld, sondern auch viel über dich selbst und deine Fähigkeit, große Herausforderungen zu meistern.

Kapitel 12
Die Rolle von Bildung und Weiterbildung

Investiere in dich selbst

Jeder Schritt, den wir in unserem Leben machen, wird maßgeblich von den Entscheidungen beeinflusst, die wir treffen. Entscheidungen, die im Bereich der Finanzen getroffen werden, bilden da keine Ausnahme. Es geht hierbei jedoch nicht nur um die richtige Auswahl von Geldanlagen oder die Planung der Altersvorsorge. Es geht um ein tieferes Verständnis, wie Geld funktioniert und wie man es am besten nutzt, um das eigene Leben und das der Angehörigen zu verbessern. Dies führt uns zu einer der wertvollsten Investitionen, die man tätigen kann: in die eigene Bildung, insbesondere die Finanzbildung.

Finanzbildung mag zunächst vielleicht trocken oder kompliziert erscheinen. Doch wenn man sich einmal darauf einlässt, entdeckt man eine Welt voller Möglichkeiten und erkennt die Macht, die Wissen über die eigenen Finanzen verleihen kann. Wissen ist in diesem Kontext nicht nur Macht, sondern auch Freiheit. Eine Freiheit, die es uns ermöglicht, selbstbewusste Entscheidungen zu

Die Rolle von Bildung und Weiterbildung

treffen und finanzielle Lebenswege zu gestalten, die unseren eigenen Werten und Zielen entsprechen.

Ein erster und essenzieller Schritt zur Finanzbildung ist das Bewusstsein über die eigenen Finanzen. Das heißt konkret: Ein genauer Überblick über das eigene Einkommen und die Ausgaben. Das mag trivial klingen, aber viele Menschen geraten bereits hier ins Straucheln. Ein Haushaltsbuch zu führen oder moderne Apps zu nutzen, um die Einnahmen und Ausgaben festzuhalten, ist dabei von unschätzbarem Wert. Es schafft nicht nur Klarheit, sondern hilft auch, unnötige Ausgaben zu identifizieren und den finanziellen Spielraum besser zu erkennen.

Sich in Finanzfragen zu bilden, trägt nicht nur dazu bei, den Überblick über die eigenen Ausgaben zu behalten. Es hilft auch, die vielfältigen Möglichkeiten der Geldanlage besser zu verstehen. Das Finanzsystem ist ein komplexes Netzwerk aus verschiedenen Produkten und Möglichkeiten, die alle darauf abzielen, das eigene Geld zu vermehren. Doch sie haben auch ihre eigenen Risiken und speziellen Anforderungen. Ein grundlegendes Verständnis der verschiedenen Finanzprodukte – von Sparbüchern über Aktien bis hin zu Anleihen oder Immobilien – ist daher unerlässlich, um fundierte Entscheidungen treffen zu können.

Die Börse zum Beispiel ist für viele ein mysteriöser Ort voller Fachjargon und grauem Anzugträger. Doch auch hier gilt: Wissen bedeutet Macht und damit auch Sicherheit. Ein tiefergehendes Studium der Börsenthemen, begleitet von kleinen, praxisnahen Investitionen, kann das Verständnis und das Vertrauen in die eigene Kompetenz immens unterstützen. Viele Menschen haben Angst vor Investitionen, weil sie die Risiken nicht einschätzen können. Wer

Finanzielle Unabhängigkeit

sich jedoch umfassend bildet, lernt, wie man Risiken minimiert und langfristig attraktiven Renditen nachjagt.

Aber Finanzbildung hört nicht beim Verständnis der Märkte und Finanzprodukte auf. Mindestens genauso wichtig ist die Kenntnis steuerlicher Aspekte und staatlicher Förderungen. Steuersysteme mögen komplex erscheinen und viele Schrecken vom Lernen ab, doch auch hier lohnt sich die Mühe. Je besser wir wissen, wie wir steuerliche Abzüge geltend machen können oder welche staatlichen Förderungen uns zustehen, desto effizienter können wir unser Vermögen aufbauen und erhalten. Gerade in der Altersvorsorge spielen diese Kenntnisse eine wesentliche Rolle. Wer die verschiedenen Förderungsmodelle wie die Riesterrente oder betriebliche Altersvorsorge kennt, kann hier viel für die eigene Zukunftsabsicherung erreichen.

Ein weiterer entscheidender Aspekt der Finanzbildung ist der richtige Umgang mit Schulden. Schulden werden oft als etwas Negatives betrachtet, doch es kommt darauf an, wie man diese nutzt. Hypotheken beispielsweise ermöglichen es uns, Eigentum zu erwerben und das eigene Vermögen zu vermehren. Ein Studium durch einen Studienkredit zu finanzieren, kann die eigene Karriere erheblich voranbringen. Auf der anderen Seite stehen Konsumschulden, die teuer und hemmend sein können. Finanzbildung lehrt uns, wann es sinnvoll ist, Schulden aufzunehmen und wie man ungesunde Schulden vermeidet oder abbaut.

Auch das Thema Sparen darf nicht vergessen werden. Sparen ist nicht nur die Grundlage für jede Art von Investition, sondern auch ein Schutz vor unvorhergesehenen Ausgaben und eine Basis für

Die Rolle von Bildung und Weiterbildung

finanzielle Sicherheit. Hier lernt man Techniken und Disziplinstrategien, um regelmäßiges Sparen zu einer festen Gewohnheit zu machen. Selbst kleine Beträge, regelmäßig beiseitegelegt, können über die Jahre eine beachtliche Summe ergeben und den Startpunkt weiterer Investitionen bilden.

All diese Aspekte der Finanzbildung zeigen, dass es nicht nur darum geht, Geld anlegt zu haben oder kurzfristige Gewinne zu maximieren. Es geht um nachhaltiges Wachstum und die Stärkung der eigenen finanziellen Unabhängigkeit. Finanzielle Bildung ist ein Schutzschild, ein Werkzeug und eine Brücke – hin zu einem Leben, in dem finanzielle Sorgen nicht dominieren und wir handlungsfähig bleiben.

Doch wie kann man beginnen? Der Zugang zu Informationen war noch nie so einfach wie heute. Bücher, Onlinekurse, Blogs und Podcasts bieten eine Fülle an Wissen – oft kostenlos. Man muss nur den ersten Schritt machen und beginnen, sich zu informieren. Auch ein Austausch mit Gleichgesinnten oder die Teilnahme an Finanzstammtischen kann wertvolle Einblicke und Anregungen geben. Essenziell ist es, immer kritisch zu bleiben und die Quelle der Informationen zu hinterfragen. Nicht jeder selbsternannte Finanzexperte bietet verlässliche Ratschläge.

Vielleicht ist das Wichtigste, was man durch Finanzbildung lernt, das Vertrauen in die eigenen Fähigkeiten. Die Fähigkeit, selbstbestimmt und informiert Entscheidungen zu treffen, verleiht nicht nur Sicherheit, sondern auch Lebensqualität. Finanzielle Bildung ist somit weit mehr als das Wissen um den besten Sparplan oder die vielversprechendste Aktie. Sie ist ein essentieller

Finanzielle Unabhängigkeit

Bestandteil der persönlichen Weiterentwicklung und Selbstverwirklichung.

Um abschließend das Bild abzurunden: Finanzbildung ist wie das Setzen verschiedener Samen in einem Garten. Anfangs mag es nach viel Aufwand und geduldigem Warten aussehen, aber je mehr man sich kümmert und pflegt, desto prächtiger wird der Garten erblühen. Jeder investierte Moment in die eigene finanzielle Bildung wird sich langfristig auszahlen und den eigenen Garten des Lebens bereichern. Investiere in dich selbst und ernte die Früchte der finanziellen Bildung – ein Leben lang.

Kostenlose Ressourcen für Finanzbildung

Die Welt der Finanzen kann oft wie ein dicht bewachsener Dschungel erscheinen, voll von komplexen Konzepten, endlosen Fachbegriffen und vielen Zahlen. Doch es gibt heutzutage eine Fülle an kostenlosen Ressourcen, die es jedem ermöglichen, sich in diesem scheinbar undurchdringlichen Terrain zurechtzufinden. Diese Hilfsmittel sind nicht nur für angehende Finanzprofis, sondern auch für den Otto-Normalverbraucher von unschätzbarem Wert.

Einer der ersten Anlaufpunkte für viele sind Online-Shops, die oft eine riesige Auswahl an kostenlosen E-Books und Büchern über verschiedene Finanzthemen zur Verfügung stellen. Diese digitalen Bücher können leicht auf Smartphones, Tablets oder Computern gelesen werden, was den Zugang und das Lernen besonders bequem macht. Viele davon sind in einfachem und verständlichem Deutsch geschrieben, was gerade für Einsteiger von Vorteil ist. Auf diese Weise kann man sich beispielsweise schnell grundlegende

Die Rolle von Bildung und Weiterbildung

Kenntnisse zu Themen wie Schuldenabbau, Investitionen und Altersvorsorge aneignen.

Zusätzlich zu den schriftlichen Ressourcen gibt es auch eine stetig wachsende Anzahl an Finanzbloggern und Experten, die ihre Weisheiten auf ihren Websites teilen. Die Blogeinträge sind oft in einer lockeren, leicht verständlichen Sprache verfasst und decken eine breite Palette an Themen ab. Von Tipps zum Sparen im Alltag bis hin zu Anlagestrategien und Risikomanagement – hier findet man für jedes Anliegen den passenden Rat. Besonders nützlich an diesen Blogs ist, dass sie oft aus der Perspektive jemandes geschrieben sind, der selbst Erfahrungen gemacht und Lektionen gelernt hat. Das kann den Lesern helfen, sich mit den Inhalten zu identifizieren und das Gelernte einfacher auf ihre eigene Lebenssituation anzuwenden.

Doch nicht nur das geschriebene Wort bietet wertvolle Einsichten. Immer öfter greifen Menschen auf Podcasts zurück, um sich über Finanzen zu informieren. Diese Audioformate ermöglichen es, Expertenwissen nebenbei und oft auf unterhaltsame Weise zu konsumieren, sei es während der Autofahrt, beim Sport oder bei der Hausarbeit. Viele Podcasts bringen Interviews mit Finanzexperten, Diskussionsrunden zu aktuellen Wirtschaftsthemen oder detaillierte Anleitungen zur Umsetzung von Finanzstrategien. Die Vielfalt ist beeindruckend und es gibt für jede Präferenz und jeden Wissensstand das passende Angebot.

Eine weitere äußerst wertvolle Ressource sind die unzähligen Lernvideos und Tutorials auf Plattformen wie YouTube. Finanztipps werden hier in gut aufbereiteter, visuell unterstützter Form angeboten und sind häufig so gestaltet, dass sie auch komplexe

Themen leicht verständlich machen. Viele bekannte Experten und Finanzberatungen betreiben ihre eigenen Kanäle, was garantiert, dass die Zuschauer qualitativ hochwertige und verlässliche Informationen erhalten. Videos haben den Vorteil, dass sie visuell unterstützend wirken und komplizierte Zusammenhänge oft einfacher erklären können als Texte.

Ein Bereich, der besonders nützlich sein kann, wenn man sich in die Tiefe eines speziellen Finanzthemas einarbeiten möchte, sind die Online-Kurse und Webinare. Es gibt viele Plattformen, die kostenlose Kurse über persönliche Finanzen, Anlageklassen, Risikomanagement und andere Bereiche anbieten. Diese Kurse werden oft von Universitäten, Akademien oder anerkannten Finanzexperten angeboten und bieten eine strukturierte Lernerfahrung, die sich über mehrere Stunden oder Wochen erstrecken kann. Dank der lockeren und flexiblen Struktur solcher Kurse kann jeder in seinem eigenen Tempo lernen und die Inhalte auf seine eigene Situation anwenden.

Ein nicht zu unterschätzender Aspekt der Finanzbildung sind auch die zahlreichen Foren und Communities im Internet. Plattformen wie Reddit oder spezifische Finanzforen bieten den Nutzern die Möglichkeit, Fragen zu stellen, Diskussionen zu starten und von den Erfahrungen anderer zu profitieren. Der Austausch in diesen Foren kann besonders wertvoll sein, da er oft praktische und erprobte Ratschläge von Menschen liefert, die in ähnlichen Situationen waren. Dieser Peer-to-Peer-Austausch schafft ein unterstützendes Umfeld und hilft oft, individuelle Finanzfragen zu klären, die in allgemeinen Bildungsressourcen nicht behandelt werden.

Die Rolle von Bildung und Weiterbildung

Blickt man auf die finanziellen Institutionen, so bieten viele Banken und Kreditinstitute ebenfalls kostenlose Ratgeber und Workshops an. Diese Angebote reichen von einfachen Broschüren über Online-Leitfäden bis hin zu interaktiven Seminaren, die oft einem breiteren Publikum zugänglich gemacht werden. Besonders junge Menschen und Berufsanfänger können von solchen Programmen profitieren, da sie oft grundlegende finanzielle Fähigkeiten und Wissen vermitteln, die in der Schule nur selten thematisiert werden.

Für Menschen, die eher auf bewährte Literatur schwören, gibt es in vielen Bibliotheken eine umfangreiche Auswahl an Finanzbüchern, die kostenlos ausgeliehen werden können. Von Klassikern der Finanzliteratur bis hin zu aktuellen Bestseller-Ratgebern, die Bibliothek ist ein Schatz an Wissen, und der Zugang zu diesen Büchern bietet die Möglichkeit, sich intensiv und gründlich mit den verschiedensten Finanzthemen auseinanderzusetzen.

Schließlich sollte man auch die reichlich vorhandenen staatlichen und gemeinnützigen Angebote nicht übersehen. Viele Regierungsstellen und Non-Profit-Organisationen bieten Informationsmaterialien, Beratungsservices und Schulungsprogramme an, die kostenlos genutzt werden können. Diese Initiativen zielen darauf ab, die finanzielle Bildung und Verantwortung in der Bevölkerung zu fördern und bieten oft sehr praxisnahe und konkrete Unterstützung an, wie z.B. die Erstellung eines Haushaltsplans oder Hilfestellungen bei der Steuervorbereitung.

Insgesamt kann man sagen, dass die große Auswahl an kostenlosen Ressourcen für Finanzbildung eine goldene Gelegenheit darstellt, sich umfassend zu erweitern, ohne dabei tief in die Tasche greifen

Finanzielle Unabhängigkeit

zu müssen. Die verfügbaren Werkzeuge und Materialien sind vielfältig und für jeden Lerntyp geeignet. Egal ob Sie lieber lesen, hören, sehen oder interaktiv lernen – die Angebote sind vielfältig genug, um allen Bedürfnissen und Vorlieben gerecht zu werden. So wird der Dschungel der Finanzen Schritt für Schritt zu einem vertrauten Terrain, auf dem Sie sich sicher und informiert bewegen können. Nutzen Sie diese Ressourcen und machen Sie sich auf den Weg zu finanzieller Selbstständigkeit und Sicherheit!

Kapitel 13
Umgang mit finanziellen Rückschlägen

Strategien bei unerwarteten Ausgaben

Unerwartete Ausgaben können einem oft das Gefühl geben, den Boden unter den Füßen zu verlieren. Sei es eine kaputte Waschmaschine, eine plötzliche Autoreparatur oder eine Notfallbehandlung beim Zahnarzt – solche Ereignisse tauchen meist genau dann auf, wenn man sie am wenigsten gebrauchen kann. Wie man mit diesen finanziellen Überraschungen umgeht, kann den Unterschied ausmachen zwischen einem kurzen Stolpern und einem langwierigen Sturz.

Die beste Strategie beginnt bereits in Zeiten der Ruhe und Stabilität. Wer sich frühzeitig auf potenzielle finanzielle Herausforderungen vorbereitet, kann später entspannter damit umgehen. Ein solides Notfallpolster ist hierbei unverzichtbar. Dieses Polster ist eine Summe Geldes, die für den Fall der Fälle bereitgehalten wird. Aber wie viel sollte man dafür zurücklegen? Eine häufig gehörte Empfehlung lautet, mindestens drei bis sechs Monatsgehälter als Puffer zu haben. Diese Rücklage gibt einem die Sicherheit,

Finanzielle Unabhängigkeit

unerwartete Kosten decken zu können, ohne in Panik zu verfallen oder sich verschulden zu müssen.

Ein Notfallfonds allein ist jedoch nicht genug, um wirklich gut aufgestellt zu sein. Die Fähigkeit, flexibel zu reagieren, ist ebenfalls von großer Bedeutung. Das bedeutet, seine Finanzen stets im Blick zu haben und gegebenenfalls schnell umschichten zu können. Wer beispielsweise feststellt, dass eine größere Ausgabe ansteht, kann möglicherweise geplante Anschaffungen verschieben oder unnötige Ausgaben vorübergehend einschränken. Ein Überblick über alle monatlichen Verpflichtungen und Ausgaben hilft, schnell zu erkennen, an welchen Stellen gespart werden kann, um unerwartete Kosten aufzufangen.

Ebenfalls wichtig ist die Bereitschaft, gegebenenfalls kleinere Arbeiten selbst zu übernehmen. Viele Reparaturen im Haushalt oder am Auto lassen sich mit etwas Geschick und den richtigen Anleitungen selbst durchführen. Das spart nicht nur Geld, sondern hilft auch, ein besseres Verständnis für die eigenen Besitztümer zu entwickeln. Zudem können Freunde und Familie oft hilfreich zur Seite stehen – sowohl mit Tatkraft als auch mit Ratschlägen.

Aber was, wenn das Notfallpolster nicht ausreicht? In solchen Fällen kann es sinnvoll sein, nach zusätzlichen Einkommensquellen zu suchen. Ein Nebenjob, gelegentliches Babysitten oder Aushilfstätigkeiten können dazu beitragen, finanzielle Engpässe zu überbrücken. Auch das Verkaufen nicht mehr benötigter Gegenstände über Onlineplattformen oder Flohmärkte kann eine hilfreiche Zwischenlösung darstellen. Jeder zusätzliche Euro, den man in solchen Situationen generiert, kann die Belastung

Umgang mit finanziellen Rückschlägen

reduzieren und einem helfen, schneller wieder in ruhigere Gewässer zu gelangen.

Ein weiterer Aspekt, den man nicht außer Acht lassen sollte, ist die Nutzung von Versicherungen. Versicherungen sind dazu da, genau in solchen unvorhersehbaren Momenten finanzielle Unterstützung zu bieten. Überprüfung und gegebenenfalls Anpassung der eigenen Versicherungen sollte daher regelmäßig auf der To-Do-Liste stehen. Beispielsweise deckt eine Hausratversicherung Schäden an den eigenen vier Wänden ab, eine Haftpflichtversicherung schützt gegen unvorhergesehene Kosten durch selbst verursachte Schäden und eine Berufsunfähigkeitsversicherung sichert das Einkommen ab, sollte man aufgrund einer Krankheit oder eines Unfalls nicht mehr arbeiten können.

Ein häufiger Fehler, den viele Menschen machen, ist die Nutzung von Krediten oder Kreditkarten, um unerwartete Ausgaben zu decken. Dies kann zwar kurzfristig Abhilfe schaffen, führt aber oftmals zu langfristigen Problemen. Hohe Zinsen können sich schnell summieren und den Schuldenberg wachsen lassen. Stattdessen sollte man versuchen, zuerst alle anderen Möglichkeiten auszuschöpfen, bevor man auf Kredite zurückgreift.

Wer sich dennoch gezwungen sieht, ein Darlehen aufzunehmen, sollte genau abwägen, welche Art von Kredit am sinnvollsten ist. Ein kurzfristiger Kleinkredit mag durch seine schnelle Verfügbarkeit verlockend erscheinen, doch langfristige Kredite haben in der Regel niedrigere Zinssätze und sind daher oft die bessere Wahl. Wichtig ist, sich vorab genau zu informieren und verschiedene Angebote zu vergleichen. Unabhängige Finanzberater können hierbei hilfreiche

Finanzielle Unabhängigkeit

Unterstützung bieten und dafür sorgen, dass man nicht auf überteuerte Angebote hereinfällt.

Ein weiterer wichtiger Punkt ist es, nach der Überwindung der akuten Krise wieder Stabilität zu erlangen. Dies bedeutet in erster Linie, das Notfallpolster erneut aufzufüllen, um für zukünftige Ereignisse besser gewappnet zu sein. Gleichzeitig sollte man analysieren, wie man in diese Situation geraten ist und wo mögliche Verbesserungen liegen. Vielleicht lässt sich durch gezieltes Sparen oder optimierte Verträge dauerhaft mehr Geld zur Seite legen.

Schließlich spielt die mentale Einstellung eine nicht zu unterschätzende Rolle. Der Umgang mit unerwarteten Ausgaben kann einem gehörig zusetzen und Stress verursachen. Deshalb sollte man versuchen, solche Situationen als Herausforderungen zu sehen, die es zu bewältigen gilt, anstatt sich von ihnen überwältigen zu lassen. Ein gelassener und lösungsorientierter Ansatz hilft, einen klaren Kopf zu bewahren und die besten Entscheidungen zu treffen.

Zusammengefasst lässt sich sagen, dass eine clevere Vorbereitung der Schlüssel zur Bewältigung unerwarteter Ausgaben ist. Ein solides Notfallpolster, flexible Finanzplanung, die Bereitschaft zur Eigenleistung sowie die Nutzung von Versicherungen sind dabei die Grundpfeiler der Strategie. Bei akuten finanziellen Engpässen können zusätzliche Einnahmequellen und wohlüberlegte Kredite zur Überbrückung beitragen. Es lohnt sich, aus jeder Situation zu lernen und das Vertrauen in die eigene Fähigkeit zur Problemlösung zu stärken. Denn wer gut vorbereitet ist, kann auch unerwartete Herausforderungen souverän meistern.

Umgang mit finanziellen Rückschlägen

Wie du dich erholst und weitermachst

Unerwartete Ausgaben sind wie ungebetene Gäste: plötzlich klopfen sie an deine Tür und du hast keine andere Wahl, als sie hereinzulassen. Sei es eine kaputte Waschmaschine, eine überraschende Arztrechnung oder ein aufwendiger Autoreparatur – solche Ereignisse haben die unangenehme Fähigkeit, dein finanzielles Gleichgewicht ins Wanken zu bringen. Doch so erschütternd diese Ausgaben auch sein mögen, es gibt Wege, wie du dich davon erholen und weitermachen kannst.

Erst einmal tief durchatmen. Wenn du von einer unerwarteten Ausgabe getroffen wirst, ist es ganz normal, dass dir der Puls schneller geht und du dich gestresst fühlst. Aber die erste und vielleicht wichtigste Lektion in einer solchen Situation lautet: Ruhe bewahren. Panik führt zu überhasteten Entscheidungen, die deine finanzielle Lage noch verschlimmern könnten. Also atme tief ein, erde dich und erinnere dich daran, dass du das hinbekommst.

Nun zum nächsten Schritt: Analysiere die Situation und schaffe dir einen Überblick. Es ist essentiell, genau zu wissen, womit du es zu tun hast. Sammle alle relevanten Informationen zu der unerwarteten Ausgabe. Hast du eine Rechnung bekommen? Dann lies sie gründlich durch und verstehe, was genau die Kosten verursacht hat. Prüfe auch, ob es mögliche Fehler gibt oder ob bestimmte Kosten in Ratenzahlung aufgespalten werden können. Manchmal kann ein einfaches Gespräch mit dem Dienstleister oder dem Absender der Rechnung dazu führen, dass die Kosten reduziert oder anders gestaffelt werden.

Finanzielle Unabhängigkeit

Hast du dir einen Überblick verschafft, folgen die nächsten Schritte. Wichtig hierbei ist es, eine Priorisierung vorzunehmen. Nicht alle Rechnungen und Ausgaben müssen sofort und vollständig bezahlt werden. Sortiere nach Dringlichkeit und Begleichungspflicht. Notiere dir, welche Zahlungen sofort erledigt werden müssen und welche vielleicht ein wenig aufgeschoben oder in Raten bezahlt werden können.

Gleichzeitig solltest du eine Bestandsaufnahme deiner finanziellen Ressourcen vornehmen. Wie viel Geld hast du auf deinen Konten? Gibt es Rücklagen, die du anzapfen kannst? Falls ja, überlege dir, wie viel davon du verwenden möchtest, ohne deine langfristige Sicherheit zu gefährden. Falls du keine Rücklagen hast, ist das auch in Ordnung – es gibt andere Wege, damit umzugehen.

Ein oft unterschätzter Aspekt in solchen Situationen ist, dass du nicht allein bist. Rede mit Menschen in deinem Umfeld. Manchmal kann ein Gespräch mit Freunden, Familienmitgliedern oder einem Finanzberater Perspektiven eröffnen, die du alleine vielleicht nicht gesehen hättest. Sie können dir hilfreiche Tipps geben oder sogar kurzfristige Unterstützung anbieten.

Hast du einen Notfallfonds? Falls nicht, wäre jetzt der richtige Zeitpunkt, darüber nachzudenken, einen aufzubauen, nachdem du die aktuelle Krise überstanden hast. Ein Notfallfonds kann dich vor finanziellen Engpässen schützen und gibt dir ein Gefühl von Sicherheit.

Weitere nützliche Strategien umfassen das Überdenken und Anpassen deiner monatlichen Ausgaben. Erstelle dir einen neuen Haushaltsplan, der die unerwartete Ausgabe berücksichtigt. Gibt es Bereiche, in denen du kurzfristig sparen kannst? Vielleicht könntest

Umgang mit finanziellen Rückschlägen

du einige Abonnements pausieren, deine Essensausgaben reduzieren oder auf nicht dringend notwendige Ausgaben verzichten. Kleine Einsparungen hier und da können sich summieren und deinen finanziellen Spielraum schnell wieder erweitern.

Gleichzeitig solltest du prüfen, ob es Möglichkeiten gibt, dein Einkommen zu steigern. Vielleicht gibt es kurzfristige Arbeiten oder Nebenjobs, die du annehmen könntest. Auch der Verkauf von nicht mehr benötigten Gegenständen kann dir helfen, deine Finanzen zu entlasten. Es ist überraschend, wie viel Geld man durch den Verkauf alter Bücher, Kleidung oder Elektronikgeräte zusammentragen kann.

Solltest du trotz aller Bemühungen feststellen, dass das Eintauchen in ein finanzielles Loch unvermeidlich ist, scheue dich nicht, professionelle Hilfe in Anspruch zu nehmen. Schuldnerberatungen können dir helfen, einen klaren Kopf zu bewahren und Wege aus der Schuldenfalle aufzuzeigen. Sie können mit Gläubigern verhandeln, Ratenzahlungspläne erstellen und dir dabei helfen, deine Finanzen wieder in den Griff zu bekommen.

Durch all diese Maßnahmen arbeitest du nicht nur aktiv daran, die aktuelle Belastung zu bewältigen, sondern legst auch den Grundstein für eine finanziell gesichertere Zukunft. Jede Krise hat das Potenzial zur Verbesserung. Sie ist eine Chance, dich neu zu organisieren, alte Gewohnheiten zu durchbrechen und nachhaltig zu lernen.

Die Erholung von unerwarteten Ausgaben ist ein Prozess, der Zeit, Geduld und Disziplin erfordert. Doch mit dem richtigen Plan und der nötigen Ruhe kannst du jedes finanzielle Gewitter überstehen.

Finanzielle Unabhängigkeit

Denke daran, dass du aus jeder Herausforderung stärker hervorgehen kannst und diese Erfahrungen dir wertvolle Lektionen für dein zukünftiges Finanzmanagement mitgeben.

Balanciere deine Finanzen, leiste vorausschauende Planung und achte stets darauf, ein Sicherheitsnetz für unvorhergesehene Ereignisse bereitzuhalten. Ein stabiler finanzieller Grundstock schützt dich vor zukünftigen Schockerlebnissen und gibt dir die Freiheit, dein Leben sicher und selbstbestimmt zu gestalten. So wirst du nicht nur die unerwarteten Ausgaben überstehen, sondern gestärkt aus jeder finanziellen Herausforderung hervorgehen.

Kapitel 14

Weihnachten, Geburtstage und andere Anlässe – Geld geschickt verwalten

Budgetierung für Geschenke und Feiern

Geschenke und Feiern sind häufige Anlässe im Leben, die Freude bringen, aber auch finanzielle Herausforderungen mit sich bringen können. Von Geburtstagsfeiern über Hochzeiten bis hin zu Feiertagen – in all diesen Momenten wird oft ein gewisses Maß an Ausgaben benötigt. Umso wichtiger ist es, eine durchdachte Budgetierung für Geschenke und Feiern zu haben, damit du in vollen Zügen genießen kannst, ohne am Ende in finanzielle Schwierigkeiten zu geraten.

Der erste Schritt auf dem Weg zu einer gelungenen Budgetierung ist die Festlegung von Prioritäten. Überlege dir, welche Anlässe und Geschenke für dich in einem bestimmten Zeitraum besonders wichtig sind. Manchmal kann es sinnvoll sein, einen Jahreskalender zu erstellen, in dem alle Geburtstage, Feiertage und besonderen Anlässe vermerkt sind. Das ermöglicht dir, einen klaren Überblick über bevorstehende Ausgaben zu gewinnen und frühzeitig mit dem

Finanzielle Unabhängigkeit

Sparen zu beginnen. Wenn du so planst, kannst du emotionale Käufe und impulsive Entscheidungen vermeiden, die oft dazu führen, dass du mehr ausgibst, als du dir leisten kannst.

Eine klare Festlegung des Budgets für jeden Anlass ist der nächste Schritt. Setze dir realistische Grenzen für jeden einzelnen Anlass oder jedes Geschenk, basierend auf deiner vorherigen Planung und deiner finanziellen Situation. Dabei ist es wichtig, flexibel zu bleiben. Wenn du zum Beispiel für einen besonders wichtigen Geburtstag mehr ausgeben möchtest, könntest du in den Monaten davor bei anderen Geschenken oder Feiern sparen. Durch diese geschickte Verlagerung kannst du deinen Wünschen nachkommen, ohne die vorhandenen finanziellen Ressourcen zu überstrapazieren.

Ein weiterer wichtiger Aspekt ist die kreative Gestaltung der Geschenke. Geschenke müssen nicht immer teuer sein, um bedeutungsvoll zu sein. Oft sind es die kleinen, persönlichen Aufmerksamkeiten, die bei Freunden und Familienmitgliedern die größte Freude bereiten. Überlege dir, was der oder die Beschenkte wirklich mag. Vielleicht könntest du ein individuelles Geschenk selbst gestalten, sei es durch selbstgemachte Pralinen oder ein handgeschriebenes Buch voller Erinnerungen. Solche Geschenke zeigen, dass du dir Zeit und Gedanken gemacht hast, und sind oft viel wertvoller als materielle Geschenke.

Bei den Feierlichkeiten verhält es sich ähnlich. Oft glauben wir, dass große Feiern mit hohem finanziellen Aufwand verbunden sein müssen, um unvergesslich zu sein. Dabei sind es meist die schönen Erinnerungen und die Menschen, die einen besonderen Anlass unvergesslich machen. Du könntest beispielsweise eine Feier im Freien veranstalten, wo alle etwas mitbringen und gemeinsam ein Picknick gestalten. Das spart nicht nur Kosten, sondern bringt auch

Weihnachten, Geburtstage und andere Anlässe – Geld geschickt verwalten

eine entspannte Atmosphäre in die Feier. Welch ein Genuss, zusammen im Park zu sein, zu lachen und zu essen. Hierbei entstehen oft die besten Erinnerungen.

Wenn du eine larger Anlässe planst, ist es wichtig, im Vorfeld alle nötigen Angebote zu prüfen. Friseure, Floristen, Catering-Services und immer auch die Location spielen eine entscheidende Rolle. Hole dir Kostenvoranschläge von verschiedenen Dienstleistern ein und achte darauf, die verschiedenen Optionen zu vergleichen. Es kann auch hilfreich sein, Empfehlungen von Freunden oder Familienmitgliedern einzuholen. Vielleicht kennt jemand einen talentierten Koch, der dir ein köstliches Buffet zubereiten kann, ohne dabei deine gesamten Finanzen zu belasten.

Ein weiterer Punkt, der oft übersehen wird, ist die Planung der Nachbereitungen. Nach einer Feier kommen in der Regel noch Kosten für Danksagungen, Fotos oder auch für die Aufbewahrung von Resten. Eingeplante Rücklagen dafür können helfen, die Gesamtausgaben nicht ausufern zu lassen. Schreibe dir alles auf, was in deiner Planung anfällt, und lass dir dabei nicht die Dinge entgehen, die oft als unwichtig erscheinen, aber dennoch zur Gesamtbelastung führen.

Die emotionale Komponente spielt ebenfalls eine wichtige Rolle. Geschenke und Feiern sind oft an besondere Erinnerungen und Erwartungen geknüpft. Manchmal ist es leicht, sich von der Aufregung einer Feier oder dem Wunsch, anderen zu gefallen, mitreißen zu lassen. Um diesem gesteigerten Druck entgegenzuwirken, nimm dir im Vorfeld Zeit, um festzustellen, was dir wirklich wichtig ist. Überlege, ob es nicht sinnvoller wäre, zum Beispiel statt einer großen Feier etwas kleiner oder intimer zu feiern, bei dem die persönliche Verbindung im Vordergrund steht. Oft werden solche Zusammenkünfte von den Gästen viel mehr geschätzt als die glamourösen, aber oftmals unpersönlichen großen Veranstaltungen.

Freundschaften und Beziehungen können ebenfalls eine wichtige Rolle in der Budgetierung spielen. Es kann sinnvoll sein, in einer Gruppe zu feiern, um die Kosten zu teilen. Besonders bei Anlässen wie Hochzeiten oder großen Geburtstagsfeiern kann das Teilen von Ausgaben fordernd, aber auch eine echt schöne Erfahrung sein. So bringt jeder etwas in die Feier ein, sei es durch selbstgemachte Leckereien, Deko oder durch seine eigenen Ideen.

Letztendlich geht es beim Feiern und Verschenken nicht um materielle Werte, sondern um zwischenmenschliche Beziehungen. Budgetiere in einem Rahmen, der für dich tragbar ist, und wähle Geschenke und Feiern aus, die aus dem Herzen kommen. Wähle bewusst aus, schaffe Erinnerungen und genieße diese besonderen Momente. So gehst du nicht nur finanziell verantwortungsvoll, sondern schaffst auch bedeutungsvolle Erlebnisse, die für alle unvergesslich bleiben. Mit der richtigen Planung und einem durchdachten Budget kannst du die Freuden des Schenkens und Feierns in vollen Zügen genießen, ohne im Nachhinein mit finanziellen Sorgen kämpfen zu müssen.

Kreative und kostengünstige Geschenke

Ein Geschenk ist immer dann besonders schön, wenn es zeigt, dass man sich Gedanken gemacht und Zeit investiert hat. Gerade deshalb sind selbstgemachte Geschenke so wertvoll. Ein liebevoll verfasstes Buch, in dem Sie mit persönlichen Anekdoten und Gedanken den gemeinsamen Weg mit der beschenkten Person beschreiben, kann eine einzigartige und bleibende Erinnerung schaffen. Humorvolle Geschichten, tiefgründige Einsichten und bedeutende Momente – all das macht ein solches Buch zu einem ganz besonderen Geschenk.

Eine weitere Möglichkeit, persönliche Geschenke zu gestalten, ist das Erstellen von Fotobüchern oder Videos. Sammeln Sie Fotos von gemeinsamen Erlebnissen, scannen Sie vielleicht sogar alte, vergessene Bilder ein und gestalten Sie damit eine Chronik der gemeinsamen Zeit. Mit einem einfachen Programm können Sie anschließend eine Diashow oder ein Video erstellen, das mit Musik und Texten unterlegt wird. Diese Art von Geschenk braucht vor allem etwas Zeit und Kreativität, ist aber in der Umsetzung sehr erschwinglich.

Auch kulinarische Geschenke sind immer wieder beliebt und können kostengünstig sein. Selbstgebackene Plätzchen, herzhafte Leckereien im Glas oder hausgemachte Marmeladen und Liköre – die Möglichkeiten sind nahezu unbegrenzt. Das Schöne daran: In jedem kleinen Glas steckt viel Liebe und Mühe, was die Geste umso wertvoller macht. Besonders gut kommen solche Geschenke an, wenn sie hübsch dekoriert und ansprechend verpackt sind. Ein selbst gebasteltes Etikett oder eine hübsche Schleife gibt dem Ganzen den letzten Schliff.

Für Handwerksbegeisterte bieten sich zahlreiche weitere kreative Ideen an. Gestrickte oder gehäkelte Kleinigkeiten, wie Schals, Mützen oder kleine Kuscheltiere, sind nicht nur im Trend, sondern auch persönliche und warme Geschenke. Wer sich im Basteln eher zu Hause fühlt, kann sich an kreativen DIY-Projekten wie selbstgemachter Seife, Kerzen oder Schmuck versuchen. Oftmals lassen sich solche Projekte mit Materialien aus dem Internet oder dem lokalen Bastelgeschäft zu geringen Kosten realisieren.

Finanzielle Unabhängigkeit

Zeit ist eine der wertvollsten Ressourcen, die wir verschenken können. Gerade in einer stressigen Welt sind gemeinsame Erlebnisse oft bedeutsamer als materielle Geschenke. Eine Einladung zu einem selbst gekochten Abendessen, ein gemeinsamer Spaziergang oder eine kleine Wanderung können wunderbare Geschenke sein, die kaum Geld kosten und dennoch sehr viel bedeuten. Auch eine selbst gestaltete Gutscheinbox für gemeinsame Aktivitäten, wie etwa ein Filmabend, ein Picknick im Park oder ein Tanzabend in den eigenen vier Wänden, bringt Planung und Vorfreude mit sich.

Natürlich kann man auch in der heutigen digitalen Welt mit kreativen Geschenken überraschen. Ein selbst gestalteter Podcast oder eine Playlist mit bedeutungsvollen Liedern und Kommentaren können so persönlich und bewegend sein wie ein handgeschriebener Brief. Nutzen Sie Online-Druckdienste, um personalisierte Kalender, Notizbücher oder sogar einfache Postkarten mit eigenen Fotos und kleinen Gedichten zu erstellen. Solche individuellen Präsente vermitteln dem Beschenkten, dass Sie sich wirklich Gedanken gemacht haben.

Neben der persönlichen Note von selbstgemachten Geschenken gibt es auch viele praktische Ideen, die günstig und doch wertvoll sind. Ein liebevoll zusammengestelltes Tee-Set für gemütliche Wintertage oder ein kleines Gartenset für den Hobbygärtner zeigt, dass Sie die Interessen und Vorlieben des Beschenkten kennen und wertschätzen.

Manchmal ist es das Einfache und Naheliegende, das am meisten Freude bereitet. Das Kompilieren von Lieblingsrezepten oder das Zusammenstellen einer Sammlung von Lieblingsbüchern oder -filmen kann genauso viel Freude verbreiten wie ein schillernd

Weihnachten, Geburtstage und andere Anlässe – Geld geschickt verwalten

verpacktes Paket. Wichtig ist dabei, dass Sie zeigen, dass Sie sich Gedanken über die Person gemacht haben und etwas schenken, was genau zu deren Vorlieben und Interessen passt. Denken Sie dabei auch an die Verpackung. Eine schöne Verpackung muss nicht teuer sein. Zeitungspapier, das kunstvoll bemalt wird, oder alte Stoffreste, die zu kleinen Beuteln oder dekorativen Verpackungen umgestaltet werden, sind nicht nur umweltschonend, sondern heben Ihr Geschenk kreativ hervor. Auch Naturmaterialien wie Tannenzapfen, getrocknete Blätter oder Blumen können eine schlichte Verpackung in ein kleines Kunstwerk verwandeln.

Nicht immer müssen Geschenke materielle Dinge sein. Eine liebevoll geschriebene Karte oder ein ausführlicher Brief, in dem Sie Ihre Wertschätzung und Ihre gemeinsamen Erinnerungen ausdrücken, kann oft mehr bedeuten, als ein teures Geschenk. Verleihen Sie solchen persönlichen Botschaften eine besondere Note, indem Sie sie auf schönem Papier verfassen, möglicherweise sogar selbst gestaltet oder illustriert.

Am Ende wird sichtbar, dass ein geringes Budget keineswegs die Qualität und Bedeutung eines Geschenks mindern muss. Mit Kreativität, Herz und ein wenig Zeit lassen sich zahlreiche wunderbare und kostengünstige Geschenke realisieren, die dem Beschenkten Freude bereiten und gleichzeitig dem eigenen Ziel der finanziellen Disziplin gerecht werden. Denken Sie daran: Das Schönste an einem Geschenk ist die Geste und das Gefühl, das Sie damit vermitteln – und das lässt sich nicht in Geld messen.

Kapitel 15
Die Lebensphase des Erwachsenseins – Veränderungen finanziell meistern

Umzug, Jobwechsel und andere Herausforderungen

Das Erwachsensein ist eine aufregende und oft herausfordernde Phase im Leben. Während man in dieser Zeit viele aufregende neue Erfahrungen sammelt, bringt sie auch eine Vielzahl von finanziellen Herausforderungen mit sich. Diese Herausforderungen können in Form eines Umzugs, eines Jobwechsels oder anderer bedeutender Veränderungen auftreten und es gilt, diese finanziell zu meistern.

Ein großer Schritt im Erwachsenenleben ist der erste Umzug in eine eigene Wohnung oder in eine neue Stadt. Dieser Schritt ist oft mit hohen Kosten verbunden, die sorgfältig geplant und gut durchdacht sein wollen. Zunächst einmal sind da die Mietkosten. Besonders in begehrten Lagen können diese sehr hoch sein. Es ist daher wichtig, sich im Vorfeld gut über den Mietspiegel der gewünschten Region zu informieren und zu überlegen, wie viel Miete man sich wirklich leisten kann. Neben der Miete darf man auch die Kaution nicht vergessen, die oftmals drei Nettokaltmieten beträgt und somit eine bedeutende Summe darstellt. Zusätzlich fallen meist auch Kosten für Renovierungen, Möbel und mögliche Maklergebühren an. Es lohnt sich, einen detaillierten Umzugsplan zu erstellen und dabei alle Kostenpunkte zu berücksichtigen. Eine hilfreiche Übung kann es beispielsweise sein, eine Liste mit notwendigen Möbeln und Haushaltsgegenständen zu machen und die jeweiligen Preise zu recherchieren. Wenn man frühzeitig mit dem Sparen beginnt und vielleicht auf gebrauchte Möbel oder Schnäppchen zurückgreift, kann man hier einiges an Geld sparen.

Ein weiterer bedeutender Aspekt ist der Jobwechsel. Die Gründe für einen solchen Wechsel sind vielfältig: Vielleicht lockt eine bessere Position, bessere Arbeitsbedingungen oder eine ganz neue berufliche Richtung. Doch auch wenn die Verlockungen groß sind, bedeutet ein Jobwechsel oft eine Phase der Unsicherheit. Es kann vorkommen, dass man eine Zeit lang ohne Einkommen auskommen muss, sei es durch eine Kündigungsfrist, die überbrückt werden muss, oder weil man sich eine Auszeit gönnt, um sich neu zu orientieren. In solchen Phasen ist es wichtig, finanziell vorbereitet zu sein. Ein Notfallkonto, auf das man in solchen Situationen zurückgreifen kann, ist hier Gold wert. Idealerweise sollte dieses Konto mindestens drei Monatsgehälter umfassen, um einen ausreichend großen Puffer zu bieten.

Auch die veränderten Einkommensverhältnisse müssen bedacht werden. Ein Jobwechsel kann sowohl eine Gehaltserhöhung als auch eine Gehaltseinbuße mit sich bringen. Es ist wichtig, das neue Einkommen realistisch zu kalkulieren und gegebenenfalls den Lebensstil anzupassen. Neuer Job, neue Stadt, neue Wohnung - all

Finanzielle Unabhängigkeit

das kann zunächst aufregend klingen, aber es erfordert auch eine umsichtige finanzielle Planung.

Neben dem Umzug und Jobwechsel gibt es weitere Herausforderungen im Erwachsenenleben, die finanzielle Weitsicht erfordern. Beispielsweise kann auch eine Familiengründung oder der Kauf eines eigenen Hauses bedeutende Einschnitte und Veränderungen mit sich bringen. In diesen Fällen ist es sinnvoll, langfristig zu planen und frühzeitig mit dem Sparen zu beginnen. Eine gute Finanzplanung sollte dabei nicht nur die einmaligen Kosten, sondern auch die laufenden Ausgaben im Blick haben. Versicherungen, Unterhaltskosten und mögliche Rücklagen für Reparaturen oder unerwartete Ausgaben sind dabei wichtige Faktoren.

In einigen Fällen kann es hilfreich sein, sich professionelle Unterstützung zu suchen, beispielsweise durch eine unabhängige Finanzberatung. Ein Experte kann dabei helfen, individuelle Strategien zu entwickeln und Sparziele zu definieren. Darüber hinaus gibt es zahlreiche Tools und Apps, die einem bei der Finanzplanung unterstützen können. Durch die Übersichtlichkeit und die Möglichkeit, Einnahmen und Ausgaben ständig im Blick zu behalten, wird das Budgetieren erleichtert und man kann besser auf unvorhergesehene Ereignisse reagieren.

Ein weiterer wichtiger Punkt in dieser Lebensphase ist das Thema Altersvorsorge. Viele junge Erwachsene denken vielleicht noch nicht an ihre Rente, aber es lohnt sich, frühzeitig darüber nachzudenken und entsprechende Maßnahmen zu ergreifen. Durch staatliche Förderungen, betriebliche Altersvorsorge und private Sparpläne lassen sich wertvolle Vorsorgemaßnahmen treffen. Die richtige Mischung aus Sicherheit und Rendite spielt dabei eine große Rolle. Ein frühzeitiges Engagement in die Altersvorsorge kann eine erhebliche Entlastung in späteren Jahren bedeuten und dabei helfen, den Lebensstandard im Ruhestand zu sichern.

Ferner sollte man überlegen, wie man seine Einnahmen und Ausgaben kontinuierlich überprüfen und optimieren kann. Ein Haushaltsbuch, sei es in digitaler Form oder klassisch auf Papier, kann hier eine große Hilfe sein. Es ermöglicht einen besseren Überblick über die monatlichen Fixkosten, variable Ausgaben und vielleicht auch über versteckte Kosten, die man ansonsten leicht übersehen könnte. Durch kleine Anpassungen und Einsparungen in alltäglichen Bereichen kann man auf lange Sicht eine stabile finanzielle Basis schaffen.

Finanzplanung für Umbrüche im Leben

Im Laufe unseres Lebens durchlaufen wir zahlreiche Veränderungen. Einige davon sind geplant und erwartet, andere können über Nacht geschehen. Dazu gehören Ereignisse wie der Eintritt ins Berufsleben, Heirat, die Geburt eines Kindes, der Verlust des Arbeitsplatzes, gesundheitliche Probleme oder auch ein Umzug in eine neue Stadt oder ein anderes Land. Während diese Lebensabschnitte oft emotionale Herausforderungen mit sich bringen, steht eine solide Finanzplanung im Schlüssel, um sie erfolgreich zu meistern.

Der erste Schritt in der Finanzplanung für Umbrüche im Leben ist das Schaffen eines finanziellen Polsters. Ein Notfallfonds, der mindestens drei bis sechs Monatsgehälter umfasst, kann hierbei als Sicherheitsnetz dienen. Er hilft, unerwartete Ausgaben oder Einkommensverluste abzufedern, ohne dass der eigene

Finanzielle Unabhängigkeit

Lebensstandard merklich sinken muss. Es ist wichtig, diesen Fonds immer wieder aufzufüllen, insbesondere nach größeren Ausgaben oder finanziellen Engpässen, um dauerhaft abgesichert zu sein.

Ein weiterer wesentlicher Aspekt ist die Überprüfung und Anpassung des Budgets. In Zeiten des Umbruchs ändern sich oft Einnahmen und Ausgaben. Daher ist es ratsam, regelmäßige Haushaltsanalysen durchzuführen. Stell dir vor, du hast gerade geheiratet: Nun gibt es möglicherweise zwei Einkommen, die berücksichtigt werden müssen. Gleichzeitig stehen neue gemeinsame Ausgaben an. Hier hilft ein aktualisierter Haushaltsplan, die Finanzen beider Partner zu überblicken und optimal zu verwalten. Ähnliches gilt, wenn ein Kind geboren wird. Die finanziellen Herausforderungen und Bedürfnisse einer wachsenden Familie können erheblich sein – von der Kinderbetreuung bis hin zu zukünftigen Bildungskosten.

Eine besondere Herausforderung stellt der Verlust des Arbeitsplatzes dar. Hier zahlt sich der Notfallfonds natürlich besonders aus, doch es gibt weitere Schritte, die man gehen sollte. Die Suche nach einer neuen Arbeitsstelle kann einige Zeit in Anspruch nehmen, weshalb es wichtig ist, frühzeitig Kontakte zu knüpfen und Netzwerke zu pflegen. Darüber hinaus sollten Betroffene die Möglichkeiten staatlicher Unterstützung prüfen und sich über eventuelle Ansprüche informieren. Dabei kann es auch sinnvoll sein, eine Weiterbildung oder Umschulung ins Auge zu fassen, um die eigenen Chancen auf dem Arbeitsmarkt zu verbessern.

Gesundheitliche Probleme können ebenfalls zu erheblichen finanziellen Belastungen führen. Eine gute Krankenversicherung ist

Die Lebensphase des Erwachsenseins – Veränderungen finanziell meistern

daher unerlässlich, um hohe medizinische Kosten abzudecken. Darüber hinaus kann eine Berufsunfähigkeitsversicherung sinnvoll sein, um das Einkommen zu sichern, falls man längerfristig nicht mehr arbeiten kann. Hier ist es wichtig, sich rechtzeitig zu informieren und entsprechend abzusichern.

Auch ein Umzug kann zahlreiche finanzielle Folgen mit sich bringen. Sei es der beruflich bedingte Ortswechsel oder der Umzug in ein Eigenheim – in beiden Fällen kommen auf einen zahlreiche Kosten zu, angefangen bei der Maklerprovision über Umzugskosten bis hin zu neuen Wohnungseinrichtungsgegenständen. Eine detaillierte Kostenaufstellung und eine gründliche Planung helfen hier, den Überblick zu behalten und unnötige Ausgaben zu vermeiden. Außerdem sollte man sich über mögliche Förderungen und Unterstützungsmöglichkeiten informieren, die es für Umzüge gibt.

Ein weiterer bedeutender Umbruch im Leben ist das Rentenalter. Auch hier spielt die rechtzeitige Planung eine entscheidende Rolle. Wer frühzeitig beginnt, für das Alter vorzusorgen, sichert sich einen entspannten Ruhestand. Es empfiehlt sich, regelmäßig den Stand der eigenen Altersvorsorge zu überprüfen und gegebenenfalls anzupassen. Die Entscheidung für eine private Rentenversicherung oder andere Formen der Altersvorsorge hängt von den persönlichen Lebensumständen und Zielen ab. Auch hier ist es hilfreich, sich eingehend beraten zu lassen.

Ein oft vernachlässigter Punkt ist die Flexibilität der Finanzplanung. Leben bedeutet Veränderung, daher sollte auch die Finanzplanung dynamisch und anpassungsfähig sein. Regelmäßige Überprüfungen und Anpassungen der finanziellen Ziele und Strategien helfen, stets auf dem richtigen Kurs zu bleiben. Dies gilt nicht nur für größere

Finanzielle Unabhängigkeit

Umbrüche, sondern auch für kleinere, kontinuierliche Veränderungen.

Ein weiterer Aspekt ist die finanzielle Absicherung der Familie. Besonders in der Planungsphase kann es sinnvoll sein, über eine Lebensversicherung nachzudenken. So kann man sicherstellen, dass im Falle eines unvorhergesehenen Todesfalls die Familie finanziell abgesichert ist und nicht zusätzlich zu emotionalen auch noch finanzielle Belastungen tragen muss. Diese Entscheidungen erfordern jedoch eine sorgfältige Abwägung und sollten stets gut überlegt getroffen werden.

Zu guter Letzt sollte man den Wert von guter Beratung nicht unterschätzen. Ein erfahrener Finanzberater kann helfen, die richtige Strategie für die individuellen Bedürfnisse und Lebenssituationen zu entwickeln. Er kann dabei unterstützen, die finanziellen Ziele zu formulieren, die beste Vorgehensweise zu definieren und die passenden Produkte zu finden. Dabei ist es wichtig, einen Berater zu wählen, dem man vertraut und der unabhängig arbeitet, um sicherzustellen, dass die Empfehlungen wirklich im besten Interesse des Ratsuchenden sind.

Zusammenfassend lässt sich sagen, dass eine durchdachte Finanzplanung entscheidend ist, um die Herausforderungen und Umbrüche im Leben erfolgreich zu meistern. Ein Notfallfonds, das regelmäßige Überprüfen und Anpassen des Budgets, die richtige Absicherung und die Bereitschaft zur Flexibilität sind dabei wesentliche Bausteine. Indem man frühzeitig und kontinuierlich plant und sich gegebenenfalls beraten lässt, kann man die finanzielle Stabilität wahren und sich voll und ganz auf die neuen Lebensabschnitte konzentrieren – frei von finanziellen Sorgen.

Kapitel 16
Finanzielle Ziele für alle Lebensphasen

Ansätze für Studierende, Berufseinsteiger und Familien

Die Finanzwelt kann überwältigend sein, doch egal, in welcher Lebensphase man sich befindet, es ist möglich, durch sinnvolle Planung und Ausrichtung finanzieller Ziele eine stabile Grundlage zu schaffen. Die Bedürfnisse und Prioritäten variieren, wenn man noch studiert, ins Berufsleben einsteigt oder bereits eine Familie gegründet hat. Daher ist es wichtig, die richtigen Schritte zur passenden Zeit zu unternehmen, um eine gesunde finanzielle Zukunft zu gewährleisten.

Für Studierende ist die finanzielle Lage häufig von Unsicherheit und knappen Mitteln geprägt. Dennoch ist diese Lebensphase eine wichtige Gelegenheit, um die Grundlagen des verantwortungsvollen Umgangs mit Geld zu erlernen. Das Setzen realistischer finanzieller Ziele kann in dieser Zeit ebenfalls einen entscheidenden Unterschied machen. Das Hauptaugenmerk von Studierenden sollte auf dem Aufbau eines soliden finanziellen Grundwissens

Finanzielle Unabhängigkeit

liegen. Es ist ratsam, ein Budget zu erstellen, in dem alle monatlichen Einnahmen und Ausgaben penibel aufgelistet werden. Dies hilft nicht nur, den Überblick zu behalten, sondern zeigt auch, wo eventuell Einsparpotenzial besteht.

Eine clevere Maßnahme ist die Errichtung eines Notfallfonds. Auch wenn es verlockend sein kann, das gesparte Geld für kurzfristige Annehmlichkeiten auszugeben, bietet ein solcher Fonds eine wichtige Absicherung. Das unerwartete Ausgaben wie Autoreparaturen oder teure Lehrbücher nicht zu einem finanziellen Desaster führen, ist ein Notfallfonds unverzichtbar. Kleine Beträge, die regelmäßig gespart werden, können hier bereits Großes bewirken und das Sicherheitsnetz stetig anwachsen lassen.

Berufseinsteiger stehen vor einer neuen, aufregenden Lebensphase, in der sie zum ersten Mal ein eigenes Einkommen erzielen. Die frisch gewonnene finanzielle Unabhängigkeit bringt jedoch auch Verantwortung mit sich. In diesem Abschnitt des Lebens sollte der Fokus darauf liegen, eine stabile finanzielle Basis zu schaffen. Ein erster und essenzieller Schritt ist die Tilgung bestehender Schulden, sei es durch Studienkredite oder andere Verbindlichkeiten. Schuldenfreiheit eröffnet Spielräume für zukünftige Investitionen und den Vermögensaufbau.

Parallel dazu sollte der Aufbau eines Notfallfonds von etwa drei bis sechs monatlichen Lebenshaltungskosten Priorität haben. Dies bietet nicht nur eine weitere Schicht finanzieller Sicherheit, sondern auch die nötige Gelassenheit und Freiheit, Entscheidungen ohne übermäßige finanzielle Sorgen zu treffen. Ein weiterer wichtiger Aspekt ist die Altersvorsorge. Obwohl das Rentenalter noch weit entfernt scheint, lohnt es sich, frühzeitig hiermit zu beginnen. Je

Finanzielle Ziele für alle Lebensphasen

eher man mit Sparplänen und Investitionen startet, desto mehr profitieren die Ersparnisse vom Zinseszinseffekt.

Für Berufseinsteiger ist es zudem ratsam, sich Wissen über verschiedene Arten von Investitionen anzueignen. Aktien, Fonds, Anleihen und Immobilien bieten vielfältige Möglichkeiten, das hartverdiente Geld zu vermehren. Dabei sollte stets eine ausgewogene Mischung und eine ausreichend gute Finanzkompetenz angestrebt werden, um Risiken zu minimieren.

Familien stehen vor noch komplexeren finanziellen Herausforderungen und müssen eine Balance zwischen alltäglichen Ausgaben und langfristigen Zielen finden. Ein erste Priorität sollte daher darin liegen, ein solides Haushaltsbudget zu erstellen, das alle wesentlichen Ausgaben berücksichtigt – von Miete oder Hypothek über Lebensmittel bis hin zu Kinderbetreuungskosten. Ein solcher finanzieller Überblick hilft, unnötige Ausgaben zu identifizieren und das Budget optimieren.

Sobald ein geregeltes Einkommen und die alltäglichen Bedürfnisse gesichert sind, ist es an der Zeit, größere finanzielle Ziele ins Auge zu fassen. Dazu gehört vor allem die Bildung eines soliden Notfallfonds, der im Idealfall mindestens sechs Monatsgehälter umfasst. Dieser bietet eine wichtige Absicherung für unvorhergesehene Ereignisse wie Jobverlust oder größere Reparaturen am Eigenheim. Zudem sollten Familien immer die Sicherung der Gesundheitskosten durch geeignete Versicherungen in Betracht ziehen, um im Notfall nicht vor riesigen finanziellen Belastungen zu stehen.

Die Altersvorsorge ist ein weiterer essenzieller Punkt. Familien sollten gemeinsam besprechen und planen, wie viel Geld nötig ist,

Finanzielle Unabhängigkeit

um den Lebensabend komfortabel zu gestalten. Dazu können betriebliche Altersvorsorgen, private Rentenversicherungen und staatlich geförderte Modelle beitragen. Ein rechtzeitig aufgestellter und regelmäßig überarbeiteter Plan bietet die beste Grundlage, um finanziell sorgenfrei in den Ruhestand gehen zu können.

Nicht zuletzt stehen auch die finanziellen Zukunftsperspektiven der Kinder im Fokus. Eltern möchten oft sicherstellen, dass sie ihrem Nachwuchs eine angemessene Bildung und einen guten Start ins Leben ermöglichen können. Daher sollten Sparpläne oder spezielle Konten zur Ausbildungsfinanzierung in Erwägung gezogen werden. Je früher man beginnt, für die akademische oder berufliche Ausbildung der Kinder zu sparen, desto weniger schmerzen die monatlichen Sparbeiträge später im Portemonnaie.

Neben diesen allgemeinen Strategien ist es entscheidend, regelmäßig finanzielle Gesundheitschecks durchzuführen, um sicherzustellen, dass alle Ziele auf Kurs sind und gegebenenfalls Anpassungen vorzunehmen. Dies gilt nicht nur für Familien, sondern auch für Studierende und Berufseinsteiger. Finanzielle Planung ist kein einmal abgeschlossenes Kapitel, sondern ein fortlaufender Prozess, der Aufmerksamkeit und Hingabe erfordert.

Altersvorsorge von Anfang an

Altersvorsorge ist ein Thema, das jeden betrifft – unabhängig vom Alter oder von der beruflichen Situation. Oft wird es jedoch vernachlässigt oder bis ins hohe Alter aufgeschoben. Dabei ist es niemals zu früh, sich Gedanken über die finanzielle Absicherung im Alter zu machen. Besonders in einer Zeit, in der die staatliche Rente allein kaum ausreicht, ist Eigeninitiative gefragt. Der Weg zur

Finanzielle Ziele für alle Lebensphasen

finanziellen Unabhängigkeit im Alter beginnt nicht erst mit der ersten festen Anstellung. Im Gegenteil, schon in jungen Jahren können die Weichen für einen sorgenfreien Ruhestand gestellt werden. Doch wie sieht eine sinnvolle Altersvorsorge aus, die sich an verschiedene Lebenssituationen anpassen lässt?

Zu Beginn eines Lebens steckt man im Studium oder in der Ausbildung. Das Einkommen ist in dieser Phase naturgemäß niedrig und die Verlockung, das wenige Geld für den aktuellen Lebensunterhalt zu nutzen, hoch. Dennoch ist es schon in dieser frühen Phase sinnvoll, einen Grundstein für die Altersvorsorge zu legen. Sparpläne, auch mit kleinen Beträgen, können auf lange Sicht große Wirkung entfalten. Sogenannte "Schnellstarter" profitieren hier besonders vom Zinseszinseffekt, der über Jahrzehnte hinweg beachtliche Summen anwachsen lässt. Ein monatlicher Sparbetrag von nur 25 Euro kann über Jahre hinweg erhebliche Summen einbringen, vor allem, wenn er in renditestarke Anlageformen wie Aktienfonds investiert wird.

Im Berufsleben angekommen, erweitert sich der Spielraum für die Altersvorsorge erheblich. Gerade die ersten Jahre im Job sind prägend, was die Spargewohnheiten betrifft. Gehaltserhöhungen und Weihnachtsgeld sind typische Gelegenheiten, den Sparbetrag zu erhöhen. Betriebsrenten oder direkte Gehaltsumwandlungen bieten hier attraktive Möglichkeiten. Viele Arbeitgeber bieten Zuschüsse zur Altersvorsorge an, die man unbedingt nutzen sollte. Durch die Steuerersparnisse lassen sich diese Maßnahmen oftmals gnädig in den Haushaltsplan integrieren.

Doch das Leben läuft nicht immer nach Plan. Jobwechsel, Phasen der Arbeitslosigkeit oder gar berufliche Neuorientierungen können

Finanzielle Unabhängigkeit

die finanzielle Situation verändern. In solchen Phasen ist es besonders wichtig, die Altersvorsorge nicht aus den Augen zu verlieren. Flexibilität ist hier das Zauberwort. Moderne Sparpläne lassen sich meist problemlos an veränderte Lebenssituationen anpassen. Wer etwa einige Monate ohne Einkommen ist, kann die Sparraten häufig vorübergehend reduzieren oder ganz aussetzen, ohne langfristig Nachteile befürchten zu müssen. Sobald sich die Situation wieder stabilisiert hat, werden die Raten einfach wieder angepasst.

Elternschaft ist eine Phase, in der die Finanzen oft auf eine harte Probe gestellt werden. Kinder kosten viel Geld, und die Prioritäten verschieben sich. Doch auch in dieser Lebensphase ist es wichtig, zumindest einen kleinen Teil des Einkommens für die Altersvorsorge zurückzulegen. Hier kann auch der Staat helfen: Durch Kinderzulagen in der staatlich geförderten Altersvorsorge (wie bei der Riester-Rente) lassen sich auch in dieser Phase gute Ergebnisse erzielen. Zudem ist es ratsam, frühzeitig auch an die finanzielle Absicherung der Kinder zu denken. Ausbildungs- oder Studiumsversicherungen bieten hier attraktive Möglichkeiten, die gleichzeitig steuerliche Vorteile mit sich bringen können.

Gerade in einer Phase höherer Einkommen, etwa wenn die Karriere Fahrt aufnimmt und die Kinder aus dem Gröbsten raus sind, sollte man die Altersvorsorge gezielt optimieren. Der Fokus kann hier stärker auf renditestarke und risikoreichere Anlagen gelegt werden, da bis zum Ruhestand noch genügend Zeit bleibt, um mögliche Marktschwankungen auszugleichen. Immobilien als Kapitalanlage gewinnen für viele Menschen in dieser Phase an Bedeutung. Sie bieten nicht nur Sicherheit und potenzielle Wertsteigerungen,

Finanzielle Ziele für alle Lebensphasen

sondern auch die Möglichkeit, im Alter mietfrei zu wohnen oder durch Vermietung ein zusätzliches Einkommen zu generieren.

Spätestens um die Mitte des Lebens sollte die Altersvorsorge auf Herz und Nieren geprüft und gegebenenfalls angepasst werden. Umfragen zeigen, dass viele Menschen erst in dieser Lebensphase ernsthaft über ihre finanzielle Absicherung im Alter nachdenken. Wer bis dahin noch keine konkreten Maßnahmen ergriffen hat, sollte spätestens jetzt handeln. Eine solide Altersvorsorge baut auf mehreren Säulen auf, dazu zählen die gesetzliche Rente, private Rentenversicherungen, betriebliche Altersvorsorge und Kapitalanlagen wie Aktien oder Immobilien. Vielfach lohnt es sich, professionelle Beratung in Anspruch zu nehmen, um die persönliche Vorsorgestrategie zu optimieren.

Die Jahre bis zur Rente sind entscheidend für die Feinkalibrierung der Altersvorsorge. In dieser Phase sollte man sein Portfolio sukzessive in Richtung Sicherheit umschichten. Geringere Schwankungsbreiten und kalkulierbare Erträge rücken in den Vordergrund, um das hart Ersparte abzusichern. Oft übersehen wird dabei die Bedeutung der Gesundheitsvorsorge. Private Pflegeversicherungen gewinnen in dieser Phase an Relevanz und sollten bei der Planung nicht außen vor bleiben.

Und dann, fast unerwartet, ist der Ruhestand da. Doch auch dann hört die Planung nicht auf. Wer frühzeitig vorgesorgt hat, kann sich entspannt zurücklehnen und den Lebensabend genießen. Dennoch bleibt auch im Ruhestand das Thema Finanzen aktuell. Rentenanpassungen, Kosten im Zusammenhang mit der Gesundheit und vielleicht auch der Wunsch nach Reisen oder neuen Hobbys müssen bedacht werden. Ein regelmäßiger Check

Finanzielle Unabhängigkeit

der Finanzen und eventuelle Anpassungen der Ausgaben sind auch dann noch notwendig.

Abschließend kann man sagen, dass Altersvorsorge keine Einmalmaßnahme ist, sondern ein kontinuierlicher Prozess, der sich über das gesamte Berufsleben erstreckt und darüber hinaus. Egal in welcher Lebenslage man sich befindet, es gibt immer Möglichkeiten, die finanzielle Zukunft positiv zu gestalten. Vor allem gilt: Der beste Zeitpunkt zum Handeln ist jetzt. Wer früh startet und sich stetig an seine veränderten Lebensumstände anpasst, schafft die besten Voraussetzungen für einen sorgenfreien Altersruhestand.

Kapitel 17
Digitale Tools und Apps für das Finanzmanagement

Empfehlungen für hilfreiche Apps

Im digitalen Zeitalter hat sich das Finanzmanagement erheblich verändert. Die Zeiten, in denen man penibel jede Ausgabe mit Stift und Papier in einem Heftchen notieren musste, sind längst passé. Heute stehen uns eine Vielzahl von digitalen Tools und Apps zur Verfügung, die das Verwalten der Finanzen so einfach und effizient wie nie zuvor machen. Ob es darum geht, den Überblick über seine Ausgaben zu behalten, ein Budget zu erstellen oder Investitionen zu verfolgen – es gibt eine passende App für jeden Bedarf.

Eines der größten Vorteile digitaler Tools ist ihre Benutzerfreundlichkeit. Viele Menschen scheuen sich davor, ihre Finanzen detailliert zu durchleuchten, weil sie befürchten, dass der Aufwand zu groß ist. Hier kommen Finanzmanagement-Apps ins Spiel, die durch ihre intuitive Benutzeroberfläche und einfache Handhabung punkten. Durch die Verknüpfung mit Bankkonten,

Finanzielle Unabhängigkeit

Kreditkarten und anderen Finanzquellen, werden Transaktionen automatisch erfasst und kategorisiert. Dies spart nicht nur Zeit, sondern verhindert auch manuelle Fehler.

Eine der populärsten Apps ist "Mint". Mint bietet eine umfassende Übersicht über alle Konten, Ausgaben und Einnahmen an einem Ort. Nutzer können Transaktionen in Kategorien einteilen, Budgets erstellen und sich Benachrichtigungen einrichten, wenn sie kurz davor sind, ein festgelegtes Limit zu überschreiten. Durch die grafische Darstellung der Finanzen in Form von Diagrammen und Grafiken, erhalten Nutzer einen klaren Überblick darüber, wohin ihr Geld fließt. Ein weiteres Highlight der App ist die Möglichkeit, Finanzziele zu setzen und deren Fortschritt nachzuverfolgen.

Für diejenigen, die auf der Suche nach einer App sind, die speziell auf das Haushaltsbudget ausgelegt ist, ist "You Need A Budget" (kurz YNAB) eine hervorragende Wahl. Diese App verfolgt einen sehr methodischen Ansatz. Sie basiert auf dem Prinzip, dass jeder Euro, den man verdient, einen bestimmten Zweck haben sollte. YNAB zielt darauf ab, Nutzer dazu zu bringen, bewusster mit ihrem Geld umzugehen und gezielt für größere Ausgaben oder Sparziele zu planen. Die App bietet zahlreiche Lernressourcen, darunter Webinare und Tutorials, die Nutzern helfen, ihre Finanzen in den Griff zu bekommen.

Investieren kann eine Herausforderung sein, besonders für Anfänger. Hier können Apps wie "Robinhood" oder "Trade Republic" hilfreich sein. Sie ermöglichen es, Aktien und andere Wertpapiere zu handeln, ohne dass hohe Gebühren anfallen. Besonders Robinhood hat in den letzten Jahren einen wahren Boom erlebt, weil es den Handel von Aktien, ETFs und Kryptowährungen

113

Digitale Tools und Apps für das Finanzmanagement

ohne Transaktionsgebühren ermöglicht. Die App ist besonders benutzerfreundlich gestaltet und bietet eine Vielzahl von Informationen, um informierte Entscheidungen treffen zu können.

Eine weitere App, die im Bereich der Investitionen nicht unerwähnt bleiben darf, ist "Stash". Stash richtet sich vor allem an Einsteiger und bietet eine große Auswahl an Investitionsmöglichkeiten, die basierend auf den persönlichen Interessen und Zielen vorgeschlagen werden. Neben dem reinen Handel bietet Stash auch Lernmaterialien und Tipps, um das Verständnis für den Aktienmarkt zu vertiefen. So wird das Investieren auch für Neulinge zugänglich und weniger abschreckend.

Im Bereich der Krypto-Investitionen hat sich "Coinbase" als führende Plattform etabliert. Für diejenigen, die in digitale Währungen wie Bitcoin, Ethereum oder Litecoin investieren möchten, bietet Coinbase eine sichere und einfache Möglichkeit, diese zu kaufen, zu verkaufen und zu verwalten. Die App stellt umfassende Informationen über die verschiedenen Kryptowährungen bereit und zeigt den aktuellen Marktwert in Echtzeit an. Eine Besonderheit von Coinbase ist das integrierte Wallet, das es ermöglicht, Kryptowährungen sicher aufzubewahren.

Um einen umfassenden Überblick über all diese verschiedenen Finanzen – einschließlich Bankkonten, Kredite, Investitionen und Kryptowährungen – zu erhalten, eignet sich die App "Personal Capital". Diese App bietet eine außergewöhnlich detaillierte Finanzübersicht und ermöglicht tiefgehende Analysen der Finanzen. Vom Tracking der täglichen Ausgaben bis hin zur Überwachung der Altersvorsorge – Personal Capital deckt alle Aspekte des persönlichen Finanzmanagements ab. Besonders

Finanzielle Unabhängigkeit

hilfreich ist der eingebaute Rentenplaner, der basierend auf aktuellen Vermögenswerten und geplanten Sparraten eine Prognose für die Rentenzeit erstellt.

Ein weiteres hilfreiches Tool ist "PocketGuard", das sich darauf spezialisiert hat, Nutzern zu zeigen, wie viel Geld sie tatsächlich zur freien Verfügung haben. Die App synchronisiert sich mit den Bankkonten und verfolgt die Ausgaben in Echtzeit. Ein besonderes Feature ist der „In Your Pocket"-Bereich, der genau aufzeigt, wie viel Geld noch übrig bleibt, nachdem alle regelmäßigen Ausgaben und Sparziele berücksichtigt wurden. Diese Funktion hilft insbesondere dabei, die täglichen Ausgaben besser zu kontrollieren und unnötige Ausgaben zu vermeiden.

Sicherlich darf auch die App "Clarity Money" nicht fehlen, die mit einem persönlichen Finanzassistenten arbeitet, um die Finanzen zu optimieren. Clarity Money analysiert die Ausgabemuster und gibt personalisierte Empfehlungen, wie man Geld sparen kann. Sie hilft außerdem dabei, Abonnements zu verwalten und unnötige Mitgliedschaften zu kündigen. Durch die Verknüpfung mit den Bankkonten ist es außerdem möglich, Sparziele einzurichten und automatisch Geld darauf zu überweisen.

Zusammenfassend lässt sich sagen, dass digitale Tools und Apps das Finanzmanagement revolutioniert haben. Sie bieten eine einfache und effiziente Möglichkeit, Finanzen zu verwalten, Investitionen zu tätigen und für die Zukunft zu planen. Ob Anfänger oder erfahrener Anleger – für jeden Bedarf und jedes Ziel gibt es passende Apps, die das Leben erleichtern können. Indem wir diese Technologien nutzen, können wir nicht nur Zeit und Mühe sparen, sondern auch bessere finanzielle Entscheidungen treffen und

Digitale Tools und Apps für das Finanzmanagement

letztlich einen sorgloseren Umgang mit unseren Finanzen entwickeln. Probieren Sie verschiedene Apps aus und finden Sie heraus, welche am besten zu Ihren individuellen Bedürfnissen passt – es lohnt sich!

Vor- und Nachteile der Digitalisierung im Geldmanagement

Stell dir vor, du sitzt gemütlich auf deiner Couch, den Laptop oder das Smartphone in der Hand, und schaust dir deine Finanzen an. Kein Papierchaos, keine langen Recherchen in deinen Schubladen nach der letzten Abrechnung deiner Bank. Die digitale Welt hat einen enormen Einfluss darauf, wie wir mit unseren Finanzen umgehen, und bietet uns eine Vielzahl an Tools und Apps, die das Geldmanagement erheblich vereinfachen. Doch wie bei jeder Medaille gibt es auch hier zwei Seiten. Lass uns gemeinsam einen tiefen Blick in die Vor- und Nachteile der Digitalisierung im Geldmanagement werfen.

Zunächst einmal die unbestreitbaren Vorteile. Eines der hervorstechendsten Merkmale der digitalen Tools ist die Bequemlichkeit. Du kannst von fast überall aus auf deine Finanzen zugreifen. Ob du nun im Urlaub bist, im Zug sitzt oder einfach nur keine Lust hast, den Rechner hochzufahren – mit nur wenigen Klicks auf deinem Smartphone erhältst du einen umfassenden Überblick über deine Kontostände, Ausgaben und Ersparnisse. Es ist, als ob du ein mobiles Finanzinstitut in deiner Tasche mit dir herumträgst.

Finanzielle Unabhängigkeit

Ein weiterer großer Pluspunkt ist die Transparenz. Viele Apps bieten eine Echtzeit-Übersicht deiner Ausgaben und Einnahmen. Du kannst sofort erkennen, wohin dein Geld fließt, und hast somit die Möglichkeit, frühzeitig auf eventuelle Unregelmäßigkeiten zu reagieren. Vergleich das einmal mit der Zeit, als du vielleicht nur einmal im Monat einen Kontoauszug erhalten hast und es schon zu spät war, wenn dir Fehlbuchungen auffielen.

Dann ist da noch das Thema Planung und Budgetierung. Digitale Tools und Apps können dir helfen, persönliche Budgets zu erstellen, Sparziele zu setzen und dein Fortschritt zu verfolgen. Einige Anwendungen bieten sogar automatisierte Sparfunktionen, die regelmäßig kleine Beträge auf ein separates Konto überweisen, ohne dass du jedes Mal daran denken musst. Es ist fast so, als ob du einen persönlichen Finanzberater an deiner Seite hättest, der dir hilft, deine finanziellen Ziele zu erreichen.

Und natürlich gibt es den Aspekt der Datensicherheit. Moderne Finanz-Apps und Online-Banking-Systeme verwenden fortschrittliche Verschlüsselungstechnologien, um sicherzustellen, dass deine Daten geschützt sind. Du kannst dich oft darauf verlassen, dass deine sensiblen finanziellen Informationen sicherer sind als in einem Aktenschrank zu Hause.

Doch wie alle Technologien, hat auch die Digitalisierung ihre Nachteile. Einer der offensichtlichsten ist die Abhängigkeit von der Technik. Wenn dein Smartphone oder Computer ausfällt, stehst du möglicherweise vor einem großen Problem. Auch können technische Störungen bei den Anbietern zu Unterbrechungen führen, und plötzlich hast du keinen Zugriff mehr auf deine Finanzen. Diese Abhängigkeit kann beunruhigend sein, vor allem

Digitale Tools und Apps für das Finanzmanagement

wenn du dich an die Zeiten erinnerst, als ein Kontoauszug in deinem Briefkasten lag, auf den du dich immer verlassen konntest.

Ein weiterer kritischer Punkt ist die Sicherheit. Auch wenn die meisten Apps und Tools hohe Sicherheitsstandards haben, bleiben sie ein mögliches Ziel für Hacker. Sollte ein Sicherheitsleck auftreten, könnten deine sensiblen Daten in falsche Hände gelangen. Dies könnte verheerende finanzielle Verluste nach sich ziehen. Es ist daher wichtig, regelmäßig Passwörter zu ändern und zusätzliche Sicherungsmaßnahmen wie Zwei-Faktor-Authentifizierung zu nutzen.

Darüber hinaus kann die schiere Menge an verfügbaren Apps und Tools überwältigend sein. Vom einfachen Haushaltsbuch bis hin zu komplexen Investmentplattformen gibt es unzählige Optionen. Diese Vielfalt kann dazu führen, dass du den Überblick verlierst und möglicherweise wichtige Funktionen übersiehst oder nicht optimal nutzt. Es kann zeitaufwendig sein, die beste App für deine Bedürfnisse zu finden und sich in diese einzuarbeiten.

Ein oft unterschätzter Nachteil ist die potenzielle Förderung unbedachten Ausgebens. Studien haben gezeigt, dass Menschen, die hauptsächlich digital bezahlen, weniger bewusst über ihre Ausgaben nachdenken im Vergleich zu denen, die Barzahlungen vorziehen. Schnell erledigte Zahlungen per Smartphone oder Online-Transaktionen können dazu führen, dass du mehr Geld ausgibst, als du tatsächlich vorhattest, weil die physische Trennung von deinem Geld nicht unmittelbar spürbar ist.

Schließlich gibt es auch den Aspekt der Datenhoheit. Viele Anwendungen sammeln detaillierte Informationen über dein Finanzverhalten, die sie zu Analysezwecken verwenden. Auch wenn

Finanzielle Unabhängigkeit

dies oft zu deinem Vorteil sein kann, um personalisierte Tipps oder Angebote zu erhalten, hinterlässt du damit einen digitalen Fußabdruck. Die Frage bleibt: Möchtest du, dass Dritte so tiefen Einblick in deine Finanzgewohnheiten erhalten? Hier ist es wichtig, die Datenschutzrichtlinien der jeweiligen Apps aufmerksam zu lesen und zu verstehen.

Zusammengefasst lässt sich sagen, dass die Digitalisierung im Finanzmanagement zweifelsohne viele komfortable und nützliche Werkzeuge bereithält, die deinen Alltag erleichtern können. Sie bieten dir Bequemlichkeit, Transparenz und Unterstützung bei der Planung und Budgetierung. Gleichzeitig solltest du dir der Nachteile bewusst sein: die Abhängigkeit von der Technik, potenzielle Sicherheitsrisiken und der Datenhoheit. Mit einem bewussten und informierten Ansatz kannst du jedoch die Vorteile maximieren und die Risiken minimieren.

Die Zukunft des Geldmanagements ist digital, und es liegt an dir, das Beste daraus zu machen. Informiere dich gründlich, wähle mit Bedacht und stelle sicher, dass du immer die Kontrolle über deine Finanzen behältst. Nur so kannst du die vielen Vorteile der digitalen Revolution voll und ganz ausschöpfen und gleichzeitig die möglichen Gefahren im Blick behalten.

Kapitel 18
Die Bedeutung von Community und Unterstützung

Wie Freunde und Familie helfen können

Zunächst einmal kann der Austausch mit Menschen, denen du vertraust, dir neue Perspektiven eröffnen. Vielleicht hast du einen Freund, der sich bereits intensiv mit Investitionen auseinandergesetzt hat und dir Tipps geben kann, welche Anlageformen für dich interessant sein könnten. Es kann auch sein, dass ein Familienmitglied dir von seinen eigenen Erfahrungen mit Sparstrategien erzählt, die dir bisher unbekannt waren. Solche Gespräche können dir nicht nur wertvolle Informationen liefern, sondern auch deine Sichtweise erweitern und dir helfen, fundierte Entscheidungen zu treffen.

Ein weiterer wichtiger Aspekt ist die emotionale Unterstützung. Finanzen können ein sehr sensibles Thema sein, das oft mit Ängsten und Unsicherheiten verbunden ist. Vielleicht hast du Sorge, ob du genug für deine Rente sparen kannst, oder du machst dir Gedanken darüber, wie du Schulden am besten abbauen sollst. In solchen

Finanzielle Unabhängigkeit

Momenten kann es ungemein beruhigend sein, jemanden zu haben, der dir zuhört und dich ermutigt. Die Worte eines guten Freundes oder eines nahen Familienmitglieds können dir Mut machen und dir das Gefühl geben, dass du nicht alleine bist.

Darüber hinaus können Freunde und Familie auch eine Art Verantwortungsgemeinschaft bieten. Wenn du mit jemandem über deine finanziellen Ziele sprichst, kann das helfen, diese Ziele klarer zu formulieren und dich stärker an sie zu binden. Angenommen, du hast das Ziel, jeden Monat einen bestimmten Betrag zu sparen. Wenn du dieses Ziel offen mit einem Freund teilst, ist die Wahrscheinlichkeit größer, dass du es auch wirklich verfolgst. Dein Freund könnte regelmäßig nachfragen, wie es läuft und dir so einen sanften Druck geben, dranzubleiben.

Nicht zu unterschätzen ist außerdem die praktische Hilfe, die Freunde und Familie bieten können. Vielleicht hast du jemandem im Freundeskreis, der besonders gut im Erstellen von Budgetplänen ist, und dir dabei helfen kann, deine Finanzen besser zu strukturieren. Oder ein Familienmitglied hat Erfahrung im Umgang mit bestimmten Schulden und kann dir Ratschläge geben, wie du am effektivsten vorgehst. Solche praktischen Tipps und Tricks können dir bei der täglichen Finanzverwaltung enorm weiterhelfen und dir das Gefühl geben, dass du die Kontrolle über deine finanzielle Situation hast.

Ein oft übersehener Aspekt ist zudem die gemeinschaftliche Nutzung von Ressourcen. Vielleicht ergibt sich die Möglichkeit, gemeinsam mit Familie oder Freunden Sparmaßnahmen zu ergreifen. Beispielsweise könnt ihr überlegen, bestimmte Dinge zusammen zu kaufen und die Kosten zu teilen, sei es bei größeren

Die Bedeutung von Community und Unterstützung

Anschaffungen oder im alltäglichen Leben. Manche Familien entscheiden sich dazu, regelmäßige Finanzbesprechungen abzuhalten, bei denen alle gemeinsam überlegen, wie sie ihre Ressourcen am besten nutzen können. Solche Maßnahmen können nicht nur Geld sparen, sondern auch das Gemeinschaftsgefühl stärken.

Zusammenfassend lässt sich sagen, dass die Unterstützung durch Freunde und Familie bei Finanzangelegenheiten von unschätzbarem Wert sein kann. Sie bieten dir nicht nur Wissen und praktische Hilfe, sondern auch emotionale Unterstützung und eine Form der Verantwortung, die dir hilft, deine Ziele zu erreichen. Überlege dir, wen du in deinem Umfeld hast, der dir bei deinen finanziellen Fragen zur Seite stehen könnte. Scheue dich nicht, um Rat zu fragen oder deine Sorgen zu teilen. Gemeinsam seid ihr stärker und könnt besser durch die Herausforderungen navigieren, die finanzielle Entscheidungen oft mit sich bringen.

In dem Bewusstsein, dass dein eigenes finanzielles Wohlergehen auch das deiner Gemeinschaft stärken kann, wirst du feststellen, dass der Weg nicht nur leichter, sondern auch angenehmer wird. Durch das Teilen von Wissen, Ressourcen und Unterstützung kannst du nicht nur selbst wachsen, sondern auch einen positiven Einfluss auf die Menschen um dich herum ausüben. Zögere also nicht, deine Reise in die Welt der Finanzen gemeinsam mit denjenigen anzutreten, die dir nahe stehen. Zusammen könnt ihr viel erreichen und die Vorteile einer starken Gemeinschaft voll auskosten.

Finanzielle Unabhängigkeit

Gruppen und Netzwerke für finanzielle Bildung

Hast du dich jemals gefragt, wie manche Menschen es schaffen, finanziellen Erfolg zu haben, während andere ständig am Rande des Bankrotts balancieren? Die Antwort liegt oft nicht im Einkommen oder im Glück, sondern im Wissen und in der Bildung. Finanzielle Bildung ist der Schlüssel zu wirtschaftlicher Sicherheit und Lebenserfolg. Aber wie erwirbst du dieses Wissen?

Eine der wirksamsten Methoden, um finanzielle Bildung zu erlangen, ist der Beitritt zu Gruppen und Netzwerken, die sich diesem Thema widmen. Im Folgenden erfährst du, warum diese Gemeinschaften so wertvoll sind und wie sie dein finanzielles Leben verändern können.

Austausch und Unterstützung

Ein wesentliches Merkmal von Gruppen und Netzwerken für finanzielle Bildung ist der Austausch zwischen den Mitgliedern. In einer Welt, die sich ständig verändert, ist es unheimlich wertvoll, auf einen Fundus an Erfahrungen und Ratschlägen zurückgreifen zu können. Wenn du in einer solchen Gruppe Mitglied bist, eröffnen sich dir neue Perspektiven und Einsichten, die dir im Alleingang vielleicht niemals gekommen wären.

Stell dir vor, du sitzt in einem Raum voller Menschen, die alle dasselbe Ziel verfolgen wie du: finanzielle Freiheit und Unabhängigkeit. Einer dieser Menschen hat vielleicht gerade eine Methode entdeckt, wie man clever investieren kann, während ein anderer dir erklärt, wie man Schulden effektiv abbaut. Diese Art von

Die Bedeutung von Community und Unterstützung

Unterstützung und Austausch kann unbezahlbar sein. Du lernst aus den Erfahrungen anderer und vermeidest so, selbst in ähnliche Fallen zu tappen.

Praktisches Wissen und individuelle Tipps

Theoretisches Wissen ist wichtig, keine Frage. Aber der wirkliche Mehrwert von Gruppen und Netzwerken für finanzielle Bildung liegt in der Weitergabe von praktischem Wissen. Das sind keine trockenen Informationen aus Lehrbüchern, sondern erprobte Strategien, die wirklich funktionieren. Du bekommst Tipps und Tricks, die direkt aus der Praxis stammen und daher besonders wertvoll sind.

Zum Beispiel: Hast du jemals darüber nachgedacht, wie du am besten dein monatliches Budget erstellst und kontrollierst? In einer solch spezialisierten Gruppe findest du nicht nur allgemeine Ratschläge, sondern auch konkrete Handlungsschritte und sogar Vorlagen, die du sofort anwenden kannst. Diese praxisorientierte Herangehensweise erleichtert es, finanzielle Prinzipien in den Alltag zu integrieren und so wirklich nachhaltig Veränderungen zu schaffen.

Gemeinschaft und Motivation

Geld ist ein sensibles Thema, das viele Menschen ungern offen ansprechen. Aber genau hier liegt die Stärke von finanziellen Bildungsgruppen. Du befindest dich in einem sicheren und unterstützenden Umfeld, in dem Offenheit gefördert wird. Diese Gemeinschaft vermittelt dir das Gefühl, nicht alleine zu sein. Die gemeinschaftliche Atmosphäre kann extrem motivierend sein und dir dabei helfen, dranzubleiben, auch wenn es mal schwierig wird.

Finanzielle Unabhängigkeit

Angenommen, du hast dir ein Ziel gesetzt, im kommenden Jahr eine bestimmte Summe zu sparen. Es kann schwierig sein, diese Motivation alleine aufrechtzuerhalten. In einer Gruppe hingegen wirst du ermutigt und unterstützt, deine Ziele zu erreichen. Das gegenseitige Anspornen und die Verpflichtung gegenüber der Gruppe können wahre Wunder wirken.

Zugang zu Experten und Ressourcen

Ein weiterer Vorteil dieser Gruppen ist der Zugang zu Expertenwissen und speziellen Ressourcen. Viele Netzwerke haben erfahrene Finanzexperten oder Mentoren an Bord, die ihr Wissen an die Gruppenmitglieder weitergeben. Diese Experten führen oft Workshops und Seminare durch, in denen tiefgehendes Wissen vermittelt wird. Das ist eine großartige Möglichkeit, von den Besten zu lernen und sich kontinuierlich weiterzubilden.

Zusätzlich stellen diese Netzwerke oft Materialien zur Verfügung, die du sonst nur mühsam und teuer selbst beschaffen müsstest. Sei es eine gut strukturierte Datenbank mit Artikeln, Büchern und Studien, oder spezifische Software-Tools, die dir helfen, deine Finanzen zu managen – alles das findest du in solchen Gruppen.

Netzwerken und neue Möglichkeiten entdecken

Das Netzwerken in finanziellen Bildungsgruppen kann für dich ungeahnte Türen öffnen. Denk nur daran, wie viele Gelegenheiten und Möglichkeiten es da draußen gibt, von denen du vielleicht noch gar nichts weißt. Durch das Netzwerken erfährst du von diesen versteckten Schätzen. Sei es ein exklusives Investmentangebot, eine lukrative Geschäftsidee oder einfach nur die Möglichkeit, mit jemandem zusammenzuarbeiten, der deine finanzielle Vision teilt.

Die Bedeutung von Community und Unterstützung

Ein starkes Netzwerk kann dein Sprungbrett sein, um auf finanzieller Ebene wirklich durchzustarten. Du lernst Menschen kennen, die dich inspirieren und dir helfen, deine Ziele schneller und effektiver zu erreichen. Zusammen könnt ihr Synergien schaffen und voneinander profitieren.

Online- und Offline-Möglichkeiten

Heutzutage gibt es zahlreiche Möglichkeiten, einer finanziellen Bildungsgruppe beizutreten, sei es online oder offline. Online-Plattformen bieten den Vorteil der Flexibilität. Du kannst von überall aus teilnehmen und hast Zugang zu einer weltweiten Gemeinschaft. Beliebte Plattformen wie Facebook-Gruppen, spezielle Foren und Webseiten sind gute Startpunkte.

Offline-Gruppen bieten hingegen den Vorteil des direkten menschlichen Kontaktes. Lokale Vereine, Bürgertreffs und finanzielle Stammtische sind Beispiele dafür. Hier kannst du Menschen aus deiner Umgebung kennenlernen, was oft zu engeren und authentischeren Beziehungen führt.

Selbst ein Teil der Lösung werden

Vielleicht hast du selbst schon einiges an Wissen gesammelt und fragst dich jetzt, wie du anderen helfen kannst. Finanzielle Bildungsgruppen bieten dir auch diese Möglichkeit. Du kannst dein Wissen und deine Erfahrungen weitergeben und so selbst ein wertvoller Teil der Gemeinschaft werden. Das nicht nur anderen zu helfen, sondern auch deine eigene finanzielle Bildung zu festigen und weiterzuentwickeln.

Finanzielle Unabhängigkeit

Aktiv in einer solchen Gruppe zu sein, bedeutet auch, ständig am Ball zu bleiben. Du wirst durch die Interaktionen und Diskussionen immer wieder aufs Neue angeregt, dich mit dem Thema Finanzen auseinanderzusetzen und weiterzubilden. So bleibst du nicht nur informiert, sondern auch motiviert, deine finanziellen Ziele konsequent zu verfolgen.

Abschluss
Dein Weg zu finanzieller Selbstständigkeit

Finanzielle Selbstständigkeit – für viele ein fernes Ziel, fast wie eine Fata Morgana, die immer wieder in die Ferne rückt. Dabei ist es weniger ein mystischer Zustand als vielmehr das Ergebnis von Disziplin, Planung und Wissen. Du fragst dich, wie du anfangen sollst und welchen Schritten du folgen musst? Keine Sorge, dieser Leitfaden wird dir den Weg weisen. Lass uns gemeinsam den ersten Schritt tun auf deinem Weg zu finanzieller Unabhängigkeit.

1. Bewusstseinsbildung: Die Basis zum Erfolg

Bevor du loslegst, solltest du dir klarmachen, wo du finanziell stehst und was deine Ziele sind. Nimm dir einen Moment Zeit und beantworte dir selbst folgende Fragen:

Wie viel Geld verdiene ich aktuell?

Wie viel Geld gebe ich monatlich aus und wohin fließt es?

Habe ich Schulden? Wenn ja, wie hoch sind sie?

Welche finanziellen Ziele habe ich? (z. B. Schulden abbauen, ein Haus kaufen, für die Altersvorsorge sparen)

Finanzielle Unabhängigkeit

Diese Fragen sind entscheidend, weil sie dir einen Überblick geben, wo du gerade stehst. Nur so kannst du wissen, wohin du als nächstes gehst.

2. Ausgaben im Blick: Haushaltsbuch führen

Der nächste Schritt ist die lückenlose Erfassung deiner Einnahmen und Ausgaben. Das kann zunächst mühsam wirken, ist aber immens hilfreich. Nutze hierfür ein einfaches Notizbuch oder eine spezielle App. Notiere jede Ausgabe: vom morgendlichen Kaffee bis hin zur Miete.

Am Ende des Monats hast du einen klaren Überblick, wohin dein Geld fließt. Meistens ergeben sich daraus bereits erste Einsparungsmöglichkeiten. Hast du vergessen, wie oft du im Monat essen gehst oder online einkaufst? Jetzt hast du es schwarz auf weiß.

3. Budget erstellen: Dein persönlicher Finanzplan

Nun geht es darum, ein Budget zu erstellen. Ein guter Startpunkt ist der 50/30/20-Plan:

50% für Grundbedürfnisse: Miete/Hypothek, Nebenkosten, Lebensmittel, Transport

30% für Lifestyle: Restaurantbesuche, Abonnements, Unterhaltung

20% für Sparen und Schuldenabbau: Notfallfonds, Altersvorsorge, Kredittilgung

Dieser Plan hilft dir, deine Ausgaben vernünftig zu strukturieren und sicherzustellen, dass du genügend Geld zurücklegst und nicht alles im Alltag versickert.

4. Schulden reduzieren: Ballast abwerfen

Schulden können der größte Hemmschuh auf deinem Weg zur finanziellen Selbstständigkeit sein. Konzentriere dich darauf, sie so schnell wie möglich abzubauen. Hier einige Strategien:

Zinsen prüfen: Verhandle gegebenenfalls mit deinen Gläubigern, um bessere Konditionen zu bekommen.

Prioritäten setzen: Zahl die höchsten Zinsen zuerst ab (Schneeball- oder Lawinenmethode).

Zusätzliche Einnahmen: Überlege, ob du temporäre Nebenjobs oder freiberufliche Tätigkeiten übernehmen kannst, um schneller schuldenfrei zu werden.

5. Notfallfonds aufbauen: Sicherheit zuerst

Ein Notfallfonds ist unerlässlich. Er bewahrt dich davor, im Falle unvorhergesehener Ausgaben (wie Autoreparaturen oder plötzlicher Arbeitslosigkeit) erneut Schulden aufnehmen zu müssen. Idealerweise sollte der Fonds drei bis sechs Monatsgehälter umfassen. Es mag lange dauern, bis du diese Summe angespart hast, aber schon der kontinuierliche Aufbau gibt dir ein Gefühl der Sicherheit.

6. Sparen: Vom Verzicht zum Vermögen

Regelmäßiges Sparen ist der Schlüssel zu langfristiger finanzieller Gesundheit. Automatisiere diesen Prozess, indem du einen festen Prozentsatz deines Einkommens direkt auf ein separates Sparkonto überweist. So kommst du gar nicht erst in Versuchung, das Geld auszugeben.

Finanzielle Unabhängigkeit

7. Investieren: Geld für dich arbeiten lassen

Sparen ist gut, aber investieren ist besser. Dein Geld sollte arbeiten, nicht faul auf dem Konto liegen. Informiere dich über verschiedene Anlageformen (wie Aktien, Anleihen, Immobilien oder Fonds). Ein paar grundlegende Regeln:

Diversifikation: Setze nicht alles auf eine Karte.

Langfristigkeit: Geduld zahlt sich aus, kurzfristige Spekulationen sind riskant.

Informiert bleiben: Lerne stetig dazu, um fundierte Entscheidungen zu treffen.

Du musst kein Börsenguru werden, aber ein grundlegendes Verständnis von Anlagemöglichkeiten hilft dir, kluge Entscheidungen zu treffen.

8. Altersvorsorge: Vorausschauend planen

Auch wenn die Rente noch weit weg scheint – es ist nie zu früh, darüber nachzudenken. Prüfe, welche Möglichkeiten dir zur Verfügung stehen, sei es die gesetzliche Rente, betriebliche Altersvorsorge oder private Rentenversicherungen. Je früher du anfängst, desto besser. Hier gibt es oft staatliche Förderungen oder Steuervergünstigungen, die du nutzen kannst.

9. Finanzielle Bildung: Wissen ist Macht

Finanzen sind keine Magie – sie sind eine Wissenschaft. Investiere in deine finanzielle Bildung. Lies Bücher, höre Podcasts, besuche Seminare. Je mehr du weißt, desto sicherer fühlst du dich in deinen

Abschluss - Dein Weg zu finanzieller Selbstständigkeit

Entscheidungen. Ein gut informierter Entscheider ist weniger anfällig für teure Fehler und unüberlegte Handlungen.

10. Regelmäßige Überprüfung: Flexibilität bewahren

Die finanzielle Lage ändert sich – berufliche Veränderungen, Lebensereignisse oder wirtschaftliche Schwankungen können deine Finanzplanung beeinflussen. Überprüfe deshalb regelmäßig (mindestens einmal im Jahr) deine Budgets, Spar- und Investitionsstrategien und passe sie bei Bedarf an.

11. Ziele setzen und feiern: Motivation aufrecht erhalten

Setz dir konkrete, messbare Ziele. Vielleicht möchtest du in fünf Jahren schuldenfrei sein, ein Haus kaufen oder eine Weltreise unternehmen. Feiere kleine Erfolge zwischendurch – sie helfen dir, motiviert zu bleiben und deinen Weg nicht aus den Augen zu verlieren.

12. Gib dir Zeit: Geduld

Nichts passiert über Nacht. Geduld ist eine Tugend, die besonders bei finanziellen Angelegenheiten oft unterschätzt wird. Lass dich nicht entmutigen, wenn der Fortschritt langsam erscheint. Jeder Schritt in die richtige Richtung ist ein Erfolg.

13. Netzwerk aufbauen: Gemeinsam stark

Umgib dich mit Menschen, die ähnliche finanzielle Ziele haben oder bereits erreicht haben, was du anstrebst. Sie können dir wertvolle Tipps geben, dich inspirieren und unterstützen. Manchmal hilft es schon, zu wissen, dass man nicht allein ist.

Finanzielle Unabhängigkeit

Das sind die Schritte, die dich auf deinem Weg zur finanziellen Selbstständigkeit begleiten werden. Es ist ein Weg, der kontinuierliche Anstrengung und Engagement erfordert. Doch mit jedem Schritt kommst du deinem Ziel näher. Fang heute noch an – deine finanzielle Zukunft liegt in deiner Hand.

Sei stolz auf jeden Fortschritt, wie klein er auch sein mag. Du machst es möglich, finanzielle Freiheit zu erreichen, und das ist ein großer Schritt zu einem selbstbestimmten und erfüllten Leben. Anfangs mag das alles überwältigend erscheinen, aber denke daran: Jede große Reise beginnt mit einem kleinen Schritt. Mach ihn heute und gehe deinen Weg mit Zuversicht weiter.

Haftungsausschluss

Die Inhalte dieses Buches wurden mit größter Sorgfalt erstellt. Für die Richtigkeit, Vollständigkeit und Aktualität der Inhalte kann der Autor jedoch keine Gewähr übernehmen.

Jede Aussage dieses Buches ist aus eigener Erfahrung und/oder aus bestem Wissen getroffen worden. Das Buch beinhaltet allgemeine Strategien beziehungsweise persönliche Strategien, die aus der Erfahrung des Autos entstanden sind. Das gesamte Werk kann definitiv nicht als Anleitung verstanden werden.

Ob und wie eventuelle Ratschläge in die Tat umgesetzt werden, liegt einzig und allein am Leser dieses Buches. Aus diesem Grund übernimmt der Autor keinerlei Haftung für etwaige Schäden.

Impressum

© Autor Heiko Berth

1. Auflage

Alle Rechte vorbehalten.

Nachdruck, auch auszugsweise, verboten.

Kein Teil dieses Werkes darf ohne schriftlich Genehmigung des Autors in irgendeiner Form reproduziert, vervielfältigt oder verbreitet werden.

Kontaktdaten:

Boris Ponitka / Bachbreite 12 / 37124 Rosdorf

E-Mail: geldbuch@asd7.de

Bei Fragen, Wünschen oder Beschwerden kontaktieren Sie mich bitte vorzugsweise per E-Mail.

www.ingramcontent.com/pod-product-compliance
Lightning Source LLC
Chambersburg PA
CBHW052302220526
45471CB00001B/454